ONTENTS

이 책에 나오는 도구는 클로버 주식회사의 제품입니다.
www.clover.co.jp

NEEDLE WORK

스트레이트 스티치
(16쪽)

새틴 스티치
(16쪽)

롱 앤드 쇼트 스티치
(16쪽)

다닝 스티치
(17쪽)

아우트라인 스티치
(17쪽)

백 스티치
(17쪽)

피시본 스티치
(18쪽)

헤링본 스티치
(18쪽)

위빙 스티치
(19쪽)

이럴 땐 이렇게

자수
무엇이든
Q&A

일본보그사 편
오구라 유키코 감수 | 강수현 옮김

한스미디어

자수에 대한 생각

처음으로 자수다운 스티치를 놓은 것은 14살 무렵이었습니다. 지금도 그 작품을 가지고 있는데, 몇 가지의 스티치가 점선으로 인쇄되어 있는 '프랑스 자수 기본 바느질용 천'에 수놓은 것입니다. 당연히 예쁘게 수놓지는 못했습니다. 어릴 때부터 엄마의 허리띠며 장식용 칼라의 아름다운 자수를 보아온 터라 너무도 다른 모습에 실망하여, 이건 내가 할 일이 아니라며 그 후로 자수를 놓지 않았습니다.

그러다 어떤 일을 계기로 스티치는 두세 가지만 익히면 충분히 즐길 수 있다는 것, 또 그림을 그리듯 실을 바꾸면 된다는 것도 알게 되었습니다.

그 후 잡지 관련 일을 하게 되어 내 생애 첫 기법을 선보일 때는 선배의 책 등을 참고하여 수많은 연습을 해가며 나만의 작품으로 완성하였습니다.

그 과정에서 스티치나 기법은 반드시 이렇게 해야 한다는 정답은 없으며 그보다 자신이 '즐겁다'고 느끼는 것이 가장 중요하다는 것을 느꼈습니다.

기법이나 기본이 되는 스티치는 예부터 전해오는 것과 그때그때의 유행 소재에 따라 새롭게 생겨나는 것도 있습니다. 어느 쪽이든 자신이 수놓아보고 싶은 것부터 시작해보세요. 스티치가 고르지 않아도 자신이 즐거우면 그 나름대로 소박하여 마음을 따뜻하게 합니다.

하지만 무슨 일이 있어도 제대로 예쁘게 수놓고 싶다면, 마음먹은 그때가 바로 기회입니다. 아름답게 수놓고 싶다는 마음을 가지고 연습을 하다 보면 반드시 잘할 수 있게 됩니다. 제가 쭉 그렇게 해왔습니다. 지금은 실, 리본, 비즈 등을 사용해 다양한 기법으로 자수를 놓을 수 있어 행복합니다.

여러분도 바늘 한 땀에서 시작하여, 자수라는 즐거운 세계에 빠져보시기를 바랍니다.

오구라 유키코

플라이 스티치
(19쪽)

페더 스티치
(19쪽)

블랭킷 스티치
(20쪽)

레이지데이지 스티치
(21쪽)

체인 스티치
(21쪽)

트위스티드 체인 스티치
(21쪽)

프렌치 너트 스티치
(22쪽)

콜로니얼 너트 스티치
(22쪽)

블리언 로즈 스티치
(23쪽)

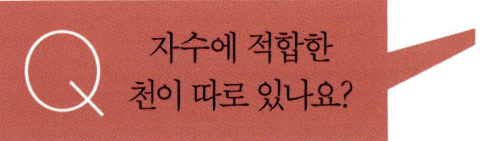

A 우리 일상에서 쉽게 접할 수 있는 천이면 어떤 천이든 수를 놓을 수 있지만, 자수천으로는 마나 면의 평직물이 수놓기 쉽고 다루기 좋습니다. 무엇보다 만들 작품의 용도와 도안에 맞는 천을 고르는 것이 중요합니다.

마·면의 평직물

올이 촘촘한 천

실 자수, 컷워크, 비즈 자수 등에 적당합니다.

올이 성긴 천

실 자수, 리본 자수, 비즈 자수 등에 적당합니다.

실 자수, 리본 자수, 비즈 자수, 드론워크 등에 적당합니다.

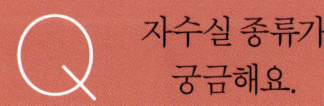

Q 자수실 종류가 궁금해요.

A 자수실은 종류가 다양하므로 디자인, 용도, 천, 도안에 맞춰 적당한 실을 고릅니다.

25번 자수실과 5번 자수실을 가장 많이 쓰며, 두 자수실의 색상 수도 다양합니다. 굵기는 숫자가 커질수록 가늘어집니다.

25번 자수실

'25번 자수실'은 6올의 가는 실을 느슨하게 꼬아 1가닥으로 합친 것입니다. 천의 두께며 스티치에 따라 2겹 또는 3겹처럼 나누어 사용하기도 하고, 6올 그대로 사용하기도 합니다. 1타래 길이는 8m입니다.

5번 자수실

'5번 자수실'은 광택이 있는 꼬임실로, 1올 그대로 필요한 길이만큼 잘라 사용합니다. 1타래 길이는 25m입니다.

태피스트리울

모 100%의 병태 타입 실입니다.

어브로더

어브로더 실은 12번, 16번, 20번, 25번, 30번 등이 있고, 컷워크 등의 흰실 자수에 사용합니다.

● 자수실 구매법

자수실은 도안에 지정된 색상을 1타래 단위로 구매합니다. 같은 색상의 실을 많이 사용할 때는 한 번에 사는 것이 좋습니다. 로트 차이를 방지하기 위해서입니다. 자수실은 같은 색조라도 미묘하게 색이 다르고, 게다가 색 번호가 연달아 있는 일이 많습니다. 그러니 번호 하나만 달라도 톤이 달라지므로 주의해야 합니다. 남은 자수실은 라벨과 함께 보관해야 자수실을 추가 구매할 때 편리합니다.

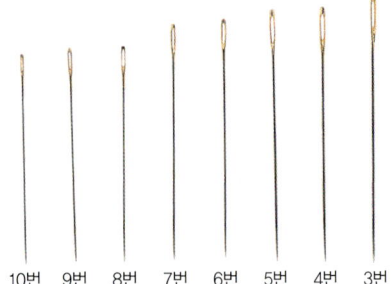

프랑스자수 바늘

10번 9번 8번 7번 6번 5번 4번 3번

Q

프랑스자수 바늘은 아는데,
자수는 전부 이 바늘로 놓나요?

A 천에 놓는 실 자수일 때는 프랑스자수 바늘을 사용합니다. 자수바늘은 바느질 바늘보다 바늘귀가 커서 실을 꿰기 쉽습니다. 바늘 끝은 천을 통과하기 쉬운 뾰족한 것, 캔버스지 등에 사용하는 끝이 둥글게 생긴 것 등 여러 가지가 있으므로, 천이며 스티치 기법에 맞는 바늘을 선택합니다. 바늘은 호수가 커질수록 가늘고 짧아집니다.

● 그 외에 바늘 끝이 둥근 크로스 스티치 바늘, 가느다란 비즈 바늘 등이 있습니다.

리본 자수 바늘

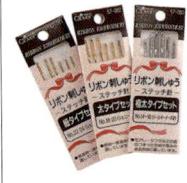  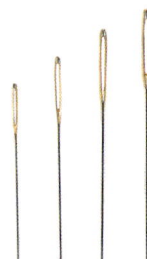

가는 타입·굵은 타입
(셔닐 바늘)

'셔닐 바늘은 굵은 실로 성긴 마직물 등에 수놓을 때 사용하는 뾰족한 바늘입니다. 리본 자수에 사용합니다.

24번 22번 20번 18번

아주 굵은 타입
(울 다너 바늘)

빳빳한 리본으로 수놓을 때 쓰는 이 바늘은 무아레·태피터(평직 견직물) 등의 올이 촘촘한 천이나 두께가 있는 천에 적합합니다.

18번 17번 16번 15번 14번

니트지용
(태피스트리 바늘)

바늘 끝이 둥글어 실을 가르는 일이 적어 니트지나 캔버스지에 수놓을 때 적합합니다.

18번 20번 22번

돗바늘

돗바늘은 바늘 끝이 둥글고 굵직해서 캔버스 워크처럼 올이 성긴 천에 굵은 실로 수놓을 때 사용합니다.

20번 18번 17번 15번

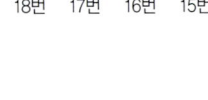

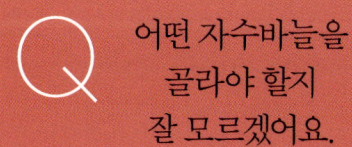

Q 어떤 자수바늘을
골라야 할지
잘 모르겠어요.

A 바늘은 자수실, 자수천, 스티치 종류에 따라서도 달라집니다.
끝이 뾰족한 바늘, 끝이 둥근 바늘, 긴 바늘 혹은 짧은 바늘 등 자수바
늘은 종류가 여러 가지이니 수놓기 쉬운 바늘을 고릅니다.

자수실과
바늘의 관계

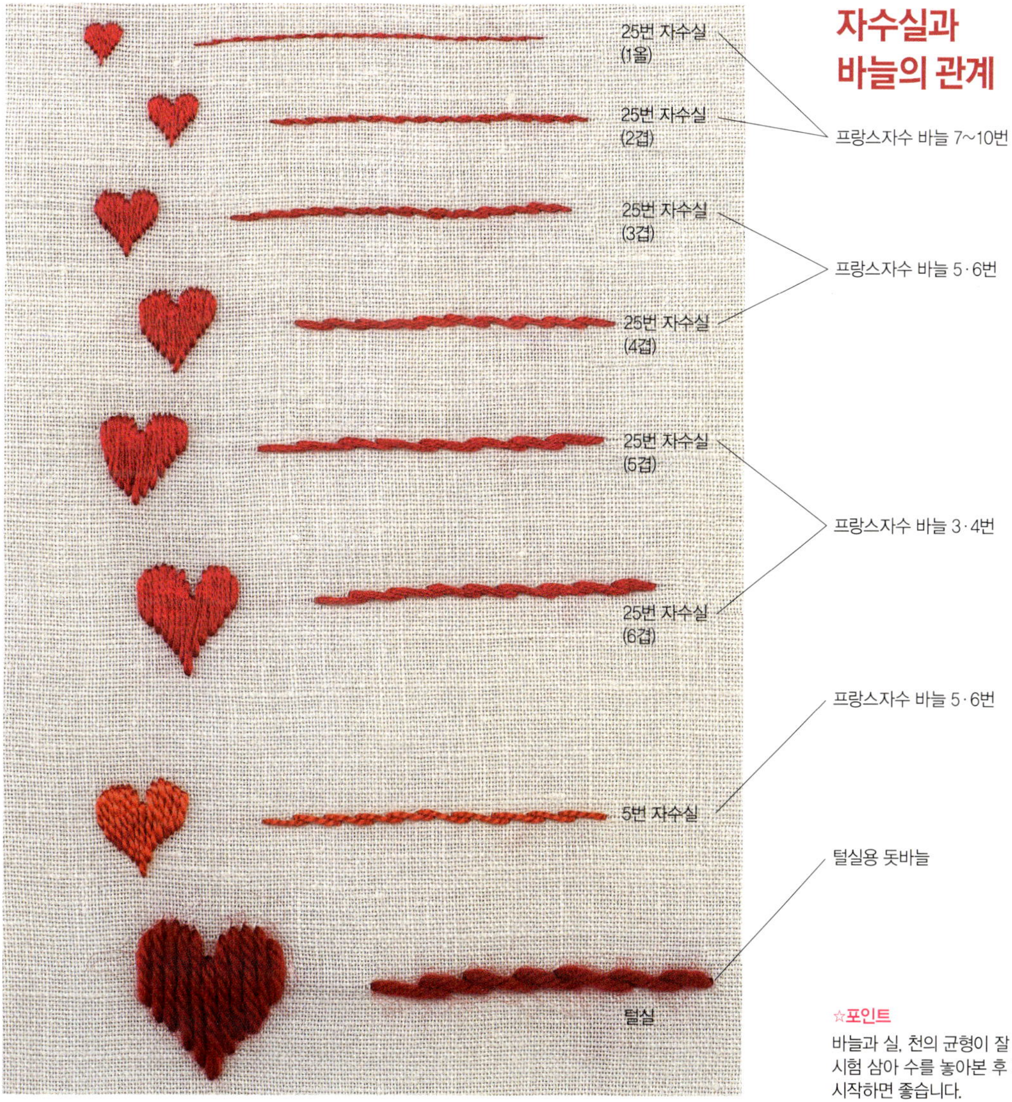

25번 자수실
(1올)

프랑스자수 바늘 7~10번

25번 자수실
(2겹)

25번 자수실
(3겹)

프랑스자수 바늘 5·6번

25번 자수실
(4겹)

25번 자수실
(6겹)

프랑스자수 바늘 3·4번

25번 자수실
(6겹)

프랑스자수 바늘 5·6번

5번 자수실

털실용 돗바늘

털실

☆포인트
바늘과 실, 천의 균형이 잘 맞는지
시험 삼아 수를 놓아본 후 자수를
시작하면 좋습니다.

Q 자수를 시작하려면
어떤 도구를 준비해야 할까요?

A 천의 올을 세어서 놓는 자수도 있지만,
대부분의 자수는 도안을 천에 베껴서 다양한
스티치로 수놓습니다.

도안을 천에 베낄 때 필요한 도구

1 수예용 복사지(초크 페이퍼)
도안을 천에 베낄 때 초크가 한쪽 면에
묻은 것을 사용합니다.

2 트레이서
도안을 천에 베낄 때 사용합니다.
단단한 연필이나 다 쓴 볼펜 등을
활용해도 좋습니다.

3 초크 펜
천에 직접 도안을 그리거나 표시할
때 쓰는 펜 타입의 초크로, 물로
지울 수 있습니다.

4 트레이싱 페이퍼
도안을 베낄 때 씁니다.

5 셀로판지
트레이서가 잘 미끄러지게 하기 위
해, 또 도안을 베낀 종이가 찢어지지
않게 하기 위해, 트레이싱 페이퍼 위
에 올려서 사용합니다.

쪽가위

가위

재단가위

수틀(원형)
클로버 수틀로 7cm,
10cm, 12cm, 15cm
크기가 있습니다.

Q 자수를 놓으려면
무엇부터 하면 좋을까요?
수틀도 필요한가요?

A 맨 먼저 다림질, 올풀림 방지 등의 천을 준비하여 도안을 천에 베낀 다음 수를 놓습니다.

천 준비하기

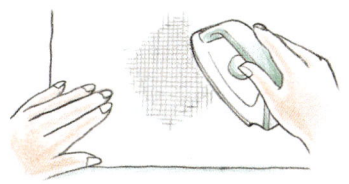

1 천은 필요한 크기로 자르고, 뒷면에 물을 뿌려 촉촉하게 한 다음 다림질하여 천의 올을 정돈합니다.

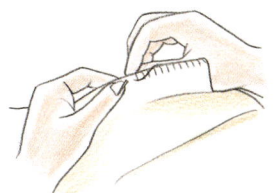

2 가장자리는 올이 풀리기 쉬우므로 시침실 등으로 성글게 휘갑칩니다.

도안 베끼기

1 도안을 트레이싱 페이퍼에 연필로 옮깁니다.

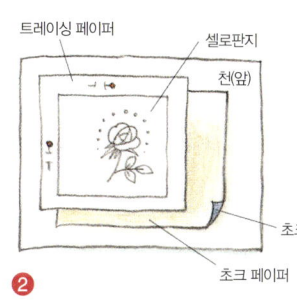

2 자수천의 앞쪽을 위로 두고, 도안을 베낀 트레이싱 페이퍼를 올려 시침핀으로 고정합니다. 그다음 천과 트레이싱 페이퍼 사이에 초크 페이퍼의 초크가 묻은 면을 아래(천 쪽)로 끼우고, 도안을 베낀 트레이싱 페이퍼 위에 셀로판지를 올립니다.

3 트레이서로 도안을 따라 선을 꼼꼼하게 그립니다.

자수 놓는 방법

수틀을 사용해 수를 놓을 수도 있지만, 수틀 없이 수를 놓을 수도 있습니다.

● 원형 수틀로 수놓기

원형 수틀은 새틴 스티치 등의 면 자수에 효과적입니다. 수틀의 크기는 다양하므로 도안 크기에 따라 구분해서 사용합니다.
수틀 바깥쪽의 나사를 풀어 안쪽 틀을 빼고, 안쪽 틀에 천을 씌워 바깥쪽 틀을 끼운 다음 천을 팽팽하게 펴서 나사를 조입니다. 큰 도안일 때는 자수를 마친 부분에 천 같은 것을 대어, 자수실이 쓸려서 손상되는 일이 없도록 수틀을 옮기면서 수놓습니다.

● 수틀 없이 수놓기

1 자수천 뒤에서 앞으로 바늘을 빼고, 도안을 따라 자수를 시작합니다.

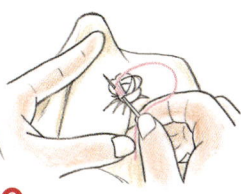

2 왼손 검지와 중지, 엄지손가락과 약지·소지 사이에 천을 끼워 팽팽하게 잡아당기듯 잡은 다음 수를 놓습니다.

Q 자수실 다루는 법을
잘 모르겠어요.

A 자수실은 실타래에서 사용하기 편한 길이(40~50cm 정도)를 당겨 뺀 다음 잘라서 사용합니다.

25번 자수실 다루기

25번 자수실은 가는 실 6올을 느슨하게 꼬아 합친 것으로, 천이며 도안·용도에 따라 실의 올 수를 다르게 사용합니다. 우선은 실타래에서 실마리를 찾아 사용하기 편한 길이(40~50cm 정도)만큼 빼내서 자릅니다. 6올의 실을 1올씩 뽑은 다음 사용할 올 수만큼 가지런히 모아 바늘에 끼웁니다.

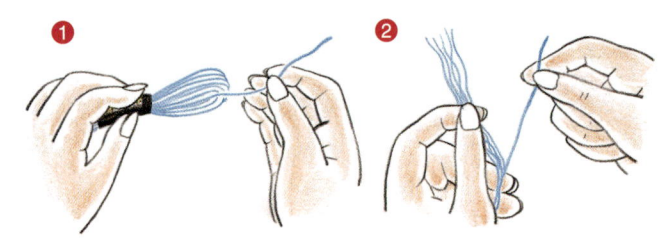

실 꿰기

바늘귀가 좁고 긴 자수바늘은 실을 바늘귀에 대고 반으로 접은 다음, 엄지손가락과 검지로 접힌 실을 꾹 집어 바늘귀에 뀁니다.

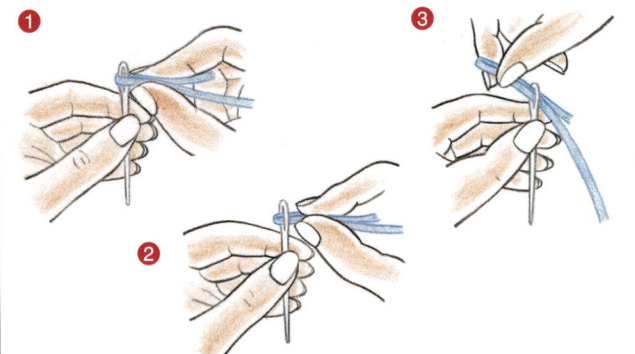

● **스레더로 실 꿰기**

스레더의 철사 부분을 바늘귀에 통과시킨 다음 철사의 고리에 실을 끼워 그대로 스레더를 뺍니다.

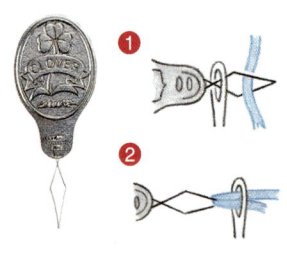

매듭짓기

자수에 익숙하지 않거나 자수 놓은 천을 세탁해야 한다면 매듭을 지어서 수놓습니다.
천에서 빠지지 않는 크기의 매듭이면 충분한데, 매듭이 만들어지기만 한다면 이 방법이 아니어도 상관없습니다.

 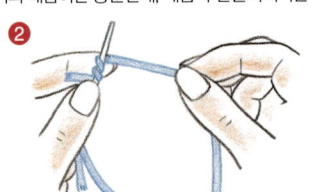 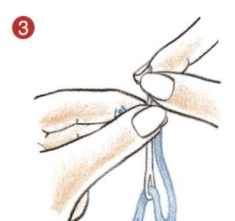 

Q 자수를 시작할 때의 실 빼는 방법, 자수를 끝냈을 때의 실 정리법을 알려주세요. 마무리 다림질법도요.

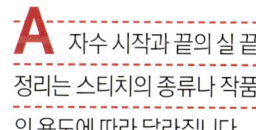

A 자수 시작과 끝의 실 끝 정리는 스티치의 종류나 작품의 용도에 따라 달라집니다.

선 자수의 실 정리(아우트라인 스티치, 체인 스티치처럼 선이 되는 스티치)

매듭을 만들지 않을 때의 방법입니다. 뒷면에 실 끝을 5~6cm 남기고 자수를 시작합니다. 자수를 끝낼 때는 실을 천의 뒷면으로 빼서, 스티치 뒤쪽 실에 2~3cm 통과시켜 실을 자릅니다.

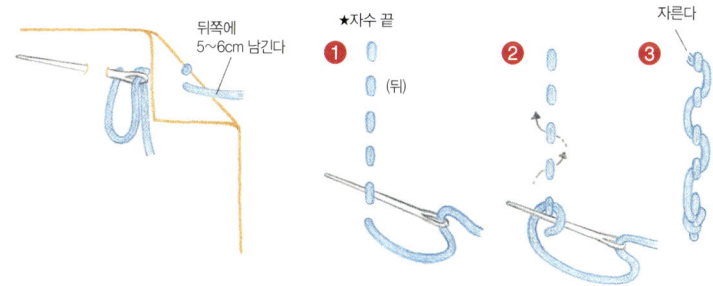

뒤쪽에 5~6cm 남긴다
★자수 끝
자른다
① (뒤)
②
③

면 자수의 실 정리(새틴 스티치처럼 면을 메우는 스티치)

매듭을 만들지 않을 때의 방법입니다. 수놓아 메우는 안쪽에 밑수를 놓듯이 두세 땀 뜬 다음 자수를 시작합니다. 자수를 끝낼 때는 뒤쪽 스티치의 실을 떠서 2번 정도 박음질합니다. 자수 시작 실도 같은 방법으로 박음질하여 마무리합니다.

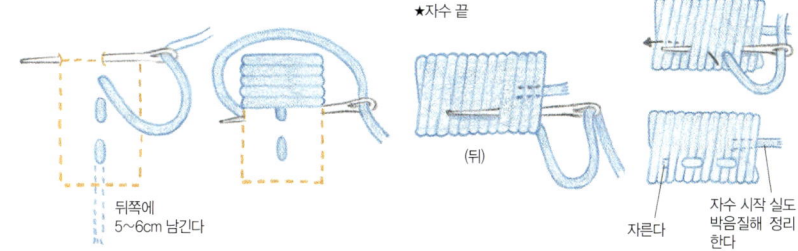

★자수 끝
뒤쪽에 5~6cm 남긴다
(뒤)
자른다
자수 시작 실도 박음질해 정리한다

마무리 다림질하기

분무기
다리미판
담요
깨끗한 흰색 천

자수 작품을 다림질로 마무리하면 더욱 아름다워집니다. 완성한 자수는 입체적이기 때문에 실이 손상되지 않도록 주의하며 다림질합니다. 다리미 온도는 천에 맞추어 조정하고, 다리미판 위에 접은 담요나 목욕 수건을 깐 다음 깨끗한 흰색 천을 덮습니다. 이제 자수천을 뒤집어 분무기로 물을 골고루 뿌리고 자수 바느질로 인한 수축을 펴듯이 손으로 잡아당기며 다림질합니다. 이때 천의 결 방향에 주의하며 사선 방향으로 지나치게 잡아당기지 않도록 합니다. 맨 나중에는 자수를 놓은 부분에서 바깥쪽을 향해 다림질합니다.

BASIC STITCH
기본 스티치

S=스티치

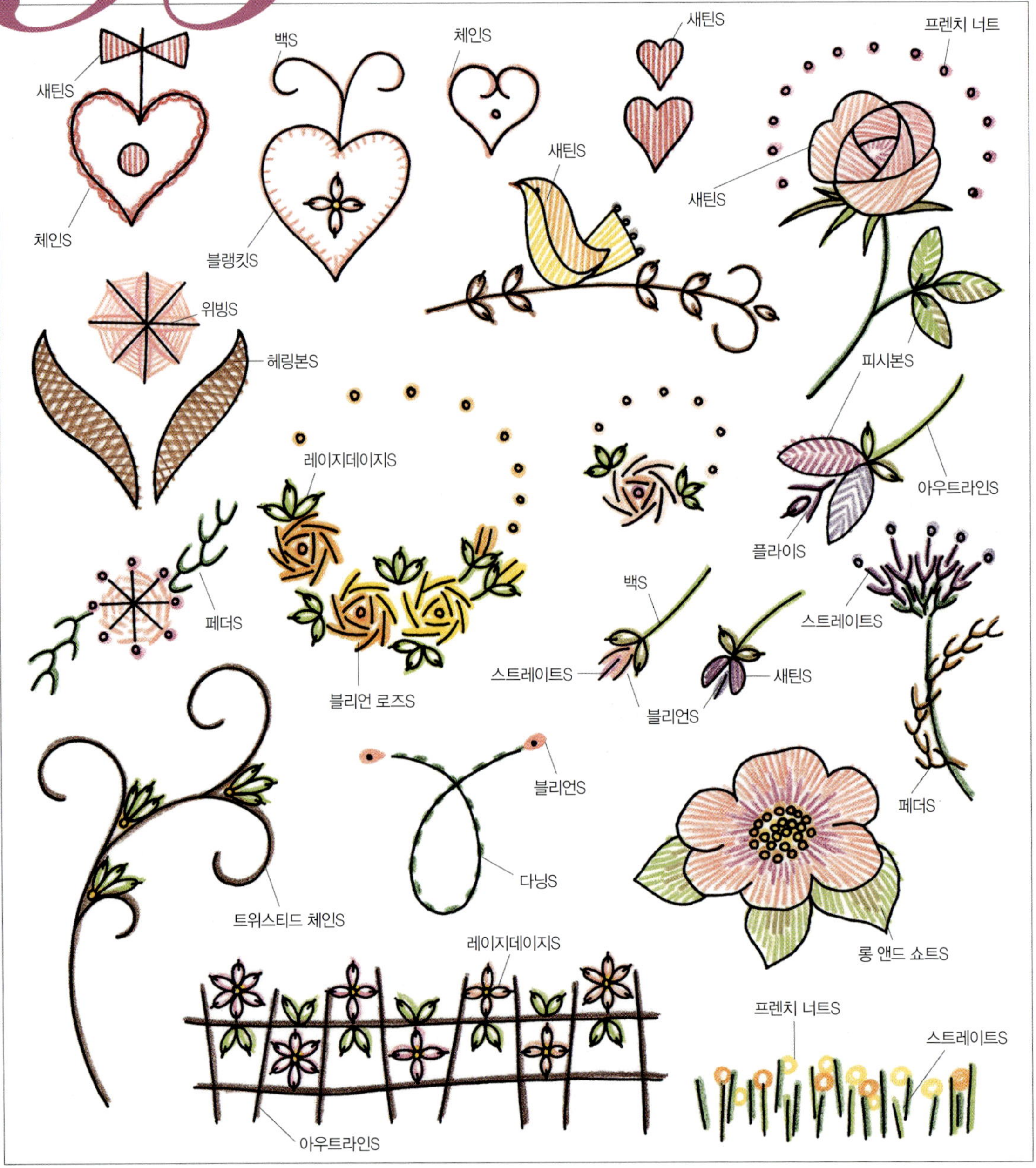

새틴S
체인S
백S
블랭킷S
체인S
새틴S
새틴S
프렌치 너트
새틴S
위빙S
헤링본S
피시본S
레이지데이지S
아우트라인S
플라이S
페더S
백S
스트레이트S
블리언 로즈S
스트레이트S
새틴S
블리언S
블리언S
페더S
다닝S
트위스티드 체인S
롱 앤드 쇼트S
레이지데이지S
프렌치 너트S
스트레이트S
아우트라인S

자수의 기본이 되는 스티치입니다.
작은 도안은 같은 도안을 반복하거나 몇 가지 도안을 조합해 수놓기도 하고, 원 포인트 자수로
놓을 수도 있습니다. 실을 몇 겹으로 하느냐에 따라 섬세한 것부터 투박한 것까지 다양합니다.

Q 기본 스티치를 마스터하면 작품집의 도안을 수놓을 수 있나요?

A 기본 스티치(4~5쪽)만 익히면 문제없습니다. 작품집의 도안은 기본 스티치를 도안에 맞추어 배치해놓은 것일 뿐입니다.

스트레이트 스티치

가로, 세로, 사선 각각 한 땀으로 놓습니다.
'스트레이트 스티치'는 모든 스티치의 기본입니다.

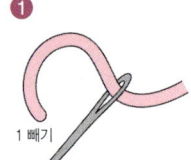

❶
1 빼기
2 넣기

❷
2 넣기 4 넣기
1 빼기 3 빼기

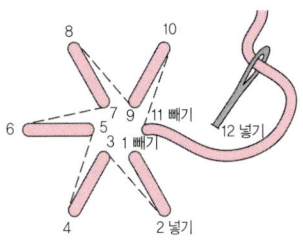

8 10
6 7 9 11 빼기 12 넣기
5 3 1 빼기
4 2 넣기

새틴 스티치

'새틴 스티치'는 수놓아 메우는 스티치로 도안에 따라 절반씩 나누어 수놓습니다.

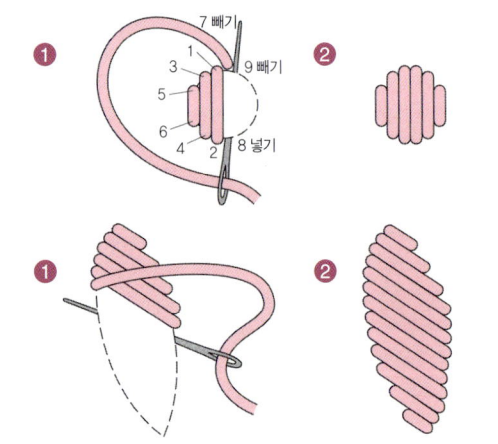

❶ 7 빼기
1
3 9 빼기
5
6
4 8 넣기

❷

❶ ❷

밑수 넣은 새틴 스티치

또렷이 도드라지게 수놓고 싶을 때 사용하는 이 스티치는, 밑수를 놓은 다음 새틴 스티치를 하면 완성입니다.

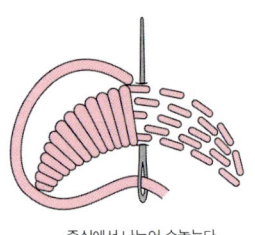

중심에서 나누어 수놓는다

롱 앤드 쇼트 스티치

곡선이 있는 도안에 긴 땀(롱 스티치)과 짧은 땀(쇼트 스티치)으로 놓습니다. 전체를 메울 때의 두 번째 단부터는 첫 번째 단에 놓았던 실을 갈라 약간 겹쳐서 놓아야 합니다.

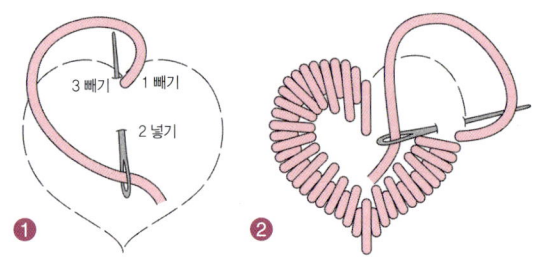

❶ 3 빼기 1 빼기
2 넣기

❷

다닝 스티치

'러닝 스티치'는 1과 2, 2와 3의 간격
을 동일하게 하지만, '다닝 스티치'는
2와 3의 간격을 짧게 합니다. ❷처럼
두 번째 줄부터는 바늘땀이 엇갈리
게 나오도록 합니다.

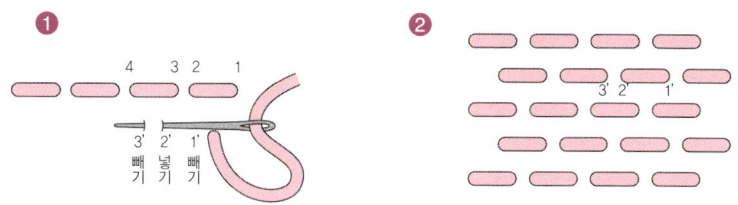

아우트라인 스티치

윤곽이나 화초의 줄기를 수놓을 때
요긴한 '아우트라인 스티치'는 스티
치의 길이를 조절하면 선의 굵기가
달라집니다. 실은 바늘의 오른쪽에
두든 왼쪽에 두든 스티치가 가지런
하기만 하면 상관없습니다.

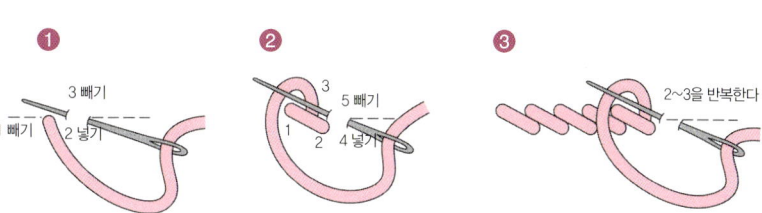

● 바늘땀을 짧게

● 바늘땀을 길게

● 갈라지는 바늘땀

먼저 수놓은 쪽의 실을 가르고 그 사이에서 실을
빼냅니다.

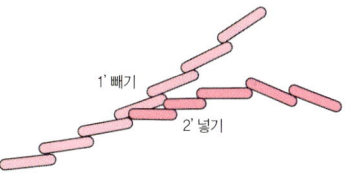

백 스티치

'백 스티치'를 놓는 방법은 1로 빼서
바늘을 2로 되돌려 넣고, 한 땀 앞으
로 바늘을 뺍니다. 4는 1과 같은 곳
에 바늘을 넣습니다.
박음질과 같은 바느질법이며, 스티치
의 간격을 고르게 놓습니다.

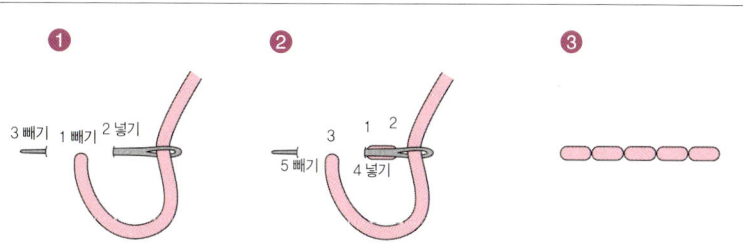

피시본 스티치

물고기 뼈를 닮아 '피시본 스티치'라
고 합니다.
잎사귀나 꽃잎을 수놓을 때 사용합
니다.

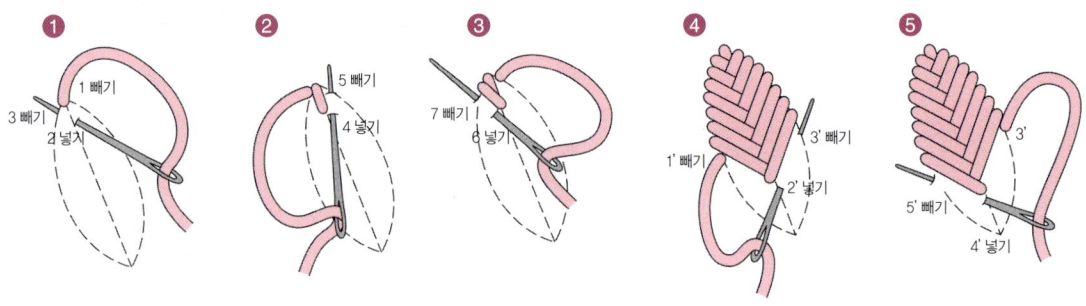

헤링본 스티치

'헤링본 스티치'는 평행한 두 줄의 선
위를 백 스티치로 오르내리며 나아
갑니다. 새발뜨기(새 발자국처럼 'ㅅ'
자 모양으로 뜨는 일) 뜨는 법과 같
습니다.

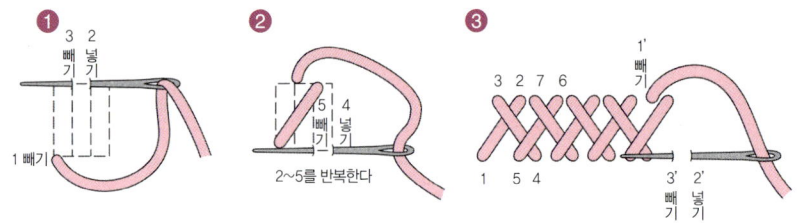

클로즈드 헤링본
스티치

헤링본 스티치를 '촘촘하게(클로즈
드)' 놓습니다. 곡선 부분은 위아래의
바늘땀에 주의합니다. 오건디 같은
엷은 천의 뒤쪽에서 수놓으면 '섀도
스티치'가 됩니다.

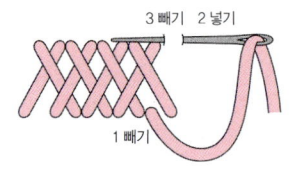

곡선으로 수놓기

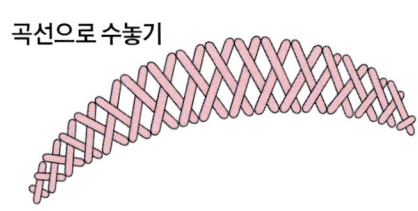

위빙 스티치

'스파이더즈 웹 스티치'라고도 불리는 '위빙 스티치'는 미리 스트레이트 스티치로 수놓아둔 실에 백 스티치의 요령으로 실을 짜나갑니다. 심지 실의 위에서 짜는지, 아래에서 짜는지에 따라 위빙 스티치 모양이 달라집니다.

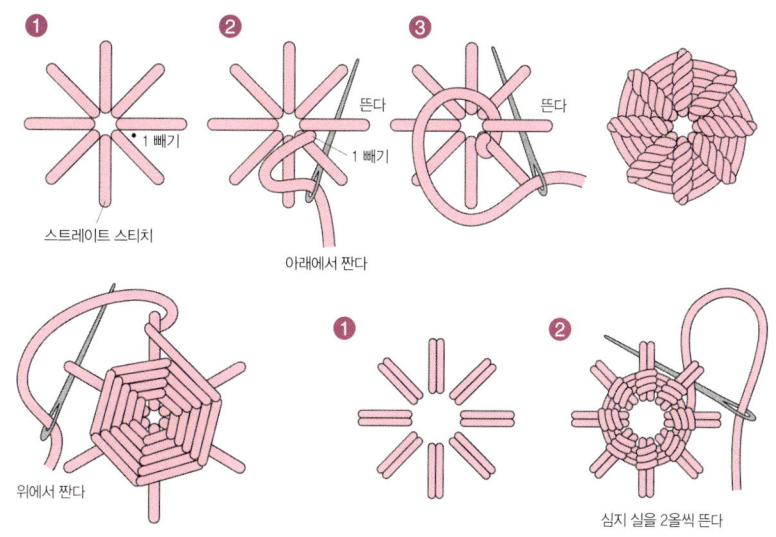

플라이 스티치

'플라이 스티치'는 단독으로도 연속으로도 놓을 수 있습니다.
레이지데이지 스티치의 끝을 벌려 Y형 또는 V형으로 수놓는 방법을 사용하여 '다이 스티치'라고도 합니다.

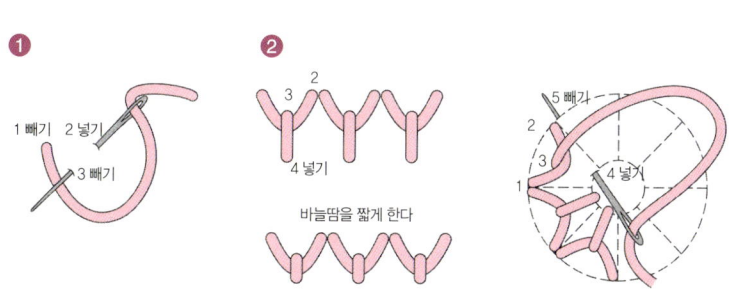

페더 스티치

플라이 스티치를 좌우로 연속해 수놓는 듯한 스티치인데, 실은 세게 당기지 않도록 주의합니다.
1·2·3의 위치, 간격을 바꾸어 곡선의 움직임이 느껴지는 도안을 수놓을 수 있습니다.

☆포인트
실은 어느 방향으로 걸든 상관없습니다.

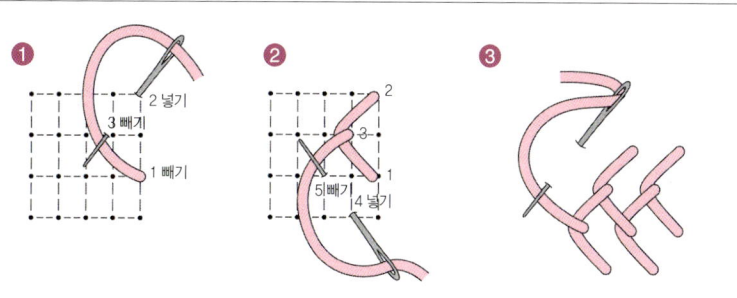

19

블랭킷 스티치

'버튼홀 스티치'라고도 불리는 '블랭킷 스티치'는 간격을 맞추어 수를 놓고, 컷워크할 때는 간격을 조밀하게 채웁니다. 물론 변형도 다양하게 할 수 있습니다.

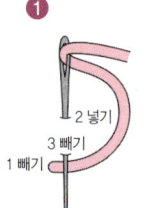

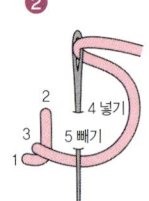

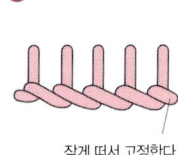

작게 떠서 고정한다

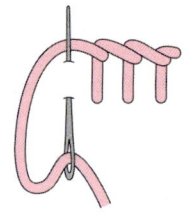

● 간격이 촘촘한 블랭킷 스티치

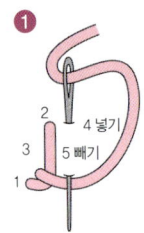

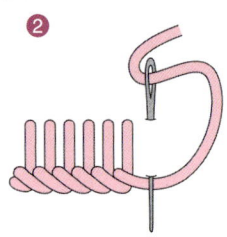

● 한 바퀴 두르는 블랭킷 스티치

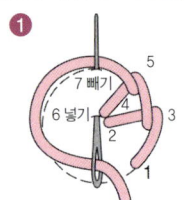

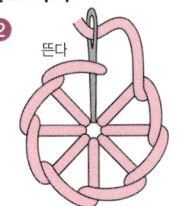
뜬다

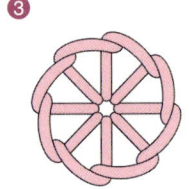

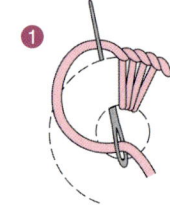

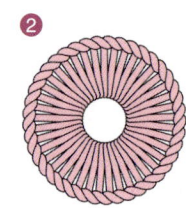
블랭킷 링 스티치

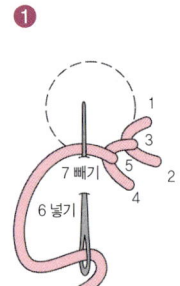

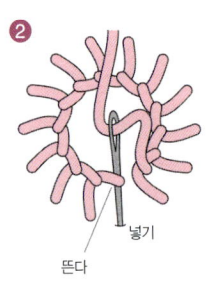
뜬다
넣기

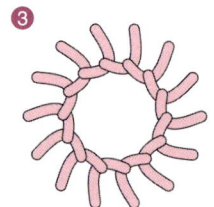

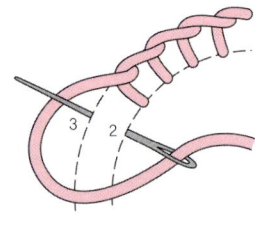

● 곡선으로 놓는 블랭킷 스티치

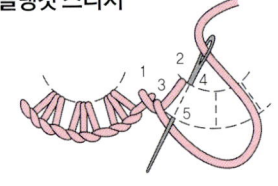

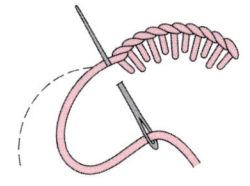

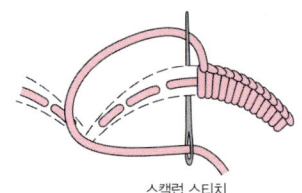
스캘럽 스티치

레이지데이지 스티치

꽃잎이나 잎에 주로 사용하는 스티치입니다. 이 스티치는 좌우 어느 쪽으로 실을 걸든 상관없습니다.

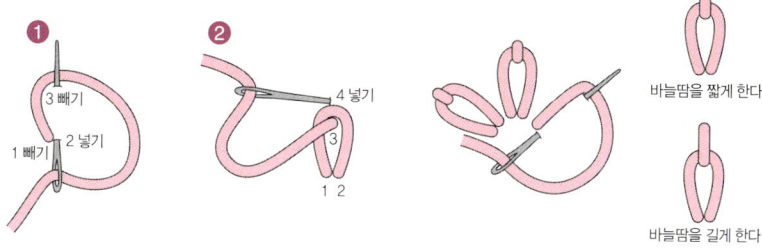

바늘땀을 짧게 한다

바늘땀을 길게 한다

체인 스티치

'체인 스티치'는 실을 바늘에 걸 때, 항상 같은 방향으로 걸어야 합니다. 방향은 오른쪽이든 왼쪽이든 상관없습니다.

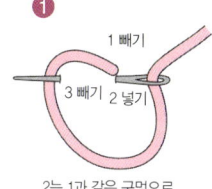

2는 1과 같은 구멍으로 바늘을 넣는다

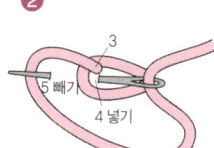

2~3을 반복한다

● 모서리 놓는 법

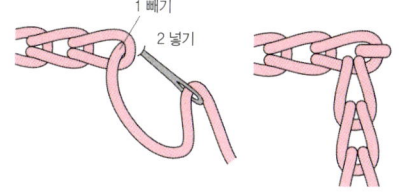

● 스티치 끝내는 법

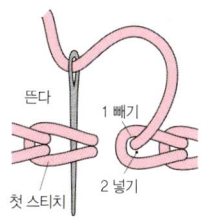

● 원형으로 놓는 법

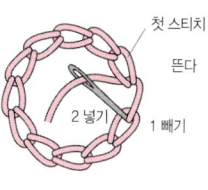

트위스티드 체인 스티치

체인 스티치를 비틀어서 놓으면 '트위스티드 체인 스티치'입니다. 이 스티치도 어느 쪽에서 실을 걸든 수를 놓을 수 있지만, 항상 같은 방향으로 걸어야 합니다.

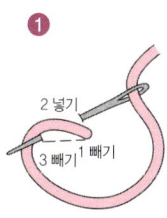

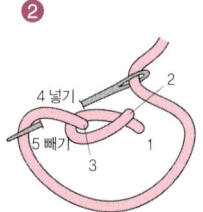

2~3을 반복한다

프렌치 너트 스티치

이 스티치는 만들고 싶은 너트의 크기에 따라 실을 바늘에 한두 번 또는 여러 번 감습니다. 실을 뺀 곳 바로 옆에 바늘을 세우고 실을 조인 다음, 바늘을 밑으로 빼면 완성입니다.

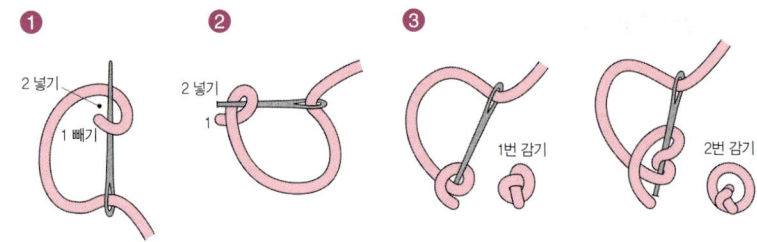

콜로니얼 너트 스티치

먼저 실을 바늘로 떠 올리고 그 바늘에 B같이 8자로 실을 겁니다. 실을 뺀 곳 바로 옆에 바늘을 세우고 실을 조인 다음, 바늘을 밑으로 뺍니다.

☆포인트
실 거는 방향은 어느 쪽이든 상관없지만, 항상 같은 방향으로 걸어야 합니다.

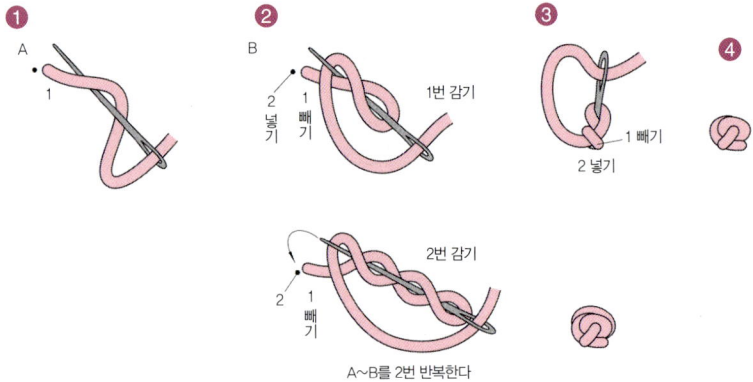

실 거는 방향은 어느 쪽이든 좋아요!

바늘에 실을 걸면서 놓는 스티치의 경우, 어느 쪽이든 수놓기 쉬운 쪽을 선택합니다. 때로는 실의 꼬임에 따라 오른쪽 걸기, 왼쪽 걸기로 놓은 실에 꼬임이 생기기도 하고 반대로 꼬임이 풀리기도 합니다. 그로 인해 스티치가 또렷해지거나 흐릿해지는데, 느낌이 다르다는 것을 알고 구분해서 사용합니다.

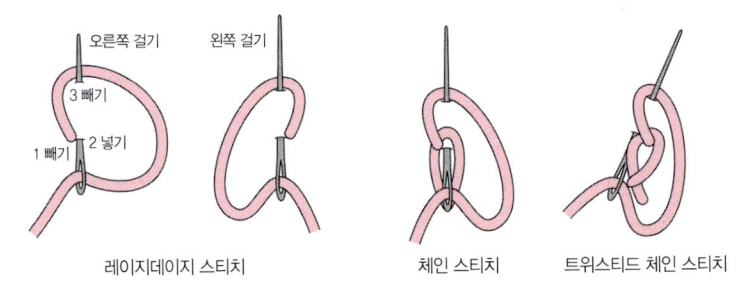

블리언 스티치

'블리언 스티치'는 바늘에 실을 감을 때 균등하게 감아야 합니다. 바늘은 길쭉하면서 실 감는 부분의 굵기가 일정한 바늘을 고릅니다.

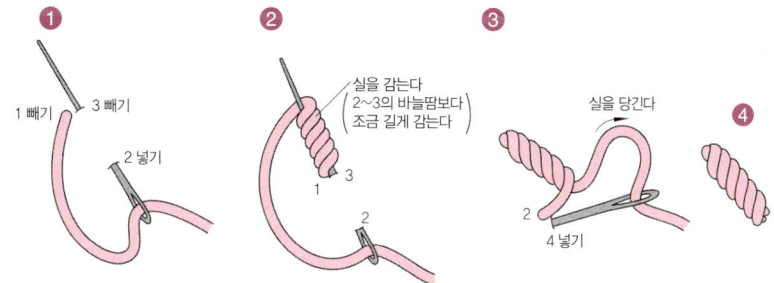

블리언 너트 스티치

이 스티치는 실을 감는 횟수에 따라 너트의 크기가 달라집니다.

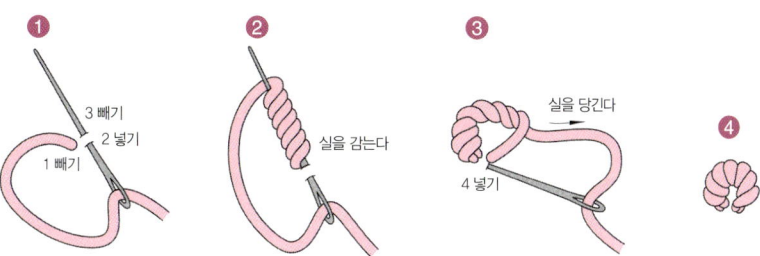

블리언 데이지 스티치

블리언 스티치로 레지데이지 스티치를 놓으면 '블리언 데이지 스티치'입니다.

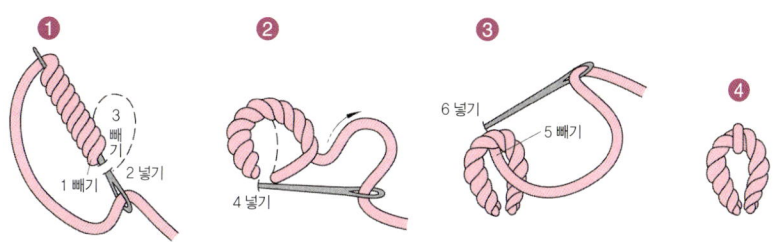

블리언 로즈 스티치

블리언 스티치로 장미꽃 모양을 놓으면 '블리언 로즈 스티치'가 됩니다.

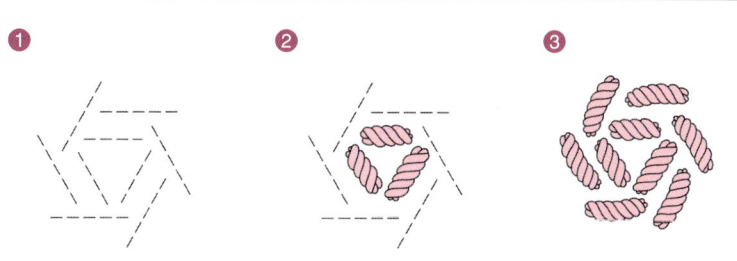

CROSS STITCH 크로스 스티치
EMBROIDERY

S=스티치

홀바인S

홀바인S

홀바인S

'크로스 스티치'는 가로세로 천의 올이 같고, 올을 셀 수 있는 천(자바클로스, 콩그레스 등)을 사용합니다. 스티치는 실을 교차시켜(크로스) 'X'자 모양으로 놓습니다. 이 스티치는 면을 메우기도 하고, 하나 걸러 놓기도 하고, 색깔을 바꾸기도 하는 등 쉬운 도안부터 복잡한 도안까지 응용할 수 있습니다.

Q

크로스 스티치용
천이 따로 있나요?
어떤 바늘을
대개 사용하나요?

크로스 스티치 바늘

23번 22번 21번 20번 19번

A 크로스 스티치는 천의 올을 세
면서 수놓는 방식이므로 짜임실을 세
기 쉬운 천을 사용합니다. 크로스 스
티치용 천으로는 인디언클로스, 자바
클로스, 콩그레스 등을 많이 씁니다.
천의 짜임은 가로세로 10×10cm로
표시하며, 숫자가 작아질수록 성깁니
다. 바늘은 끝이 둥글고, 수놓을 때 천
을 가르지 않는 크로스 스티치 바늘이
좋습니다.

크로스 스티치용 천

콩그레스 67칸×67칸(하덴거 등에도 사용)

인디언클로스 50칸×50칸

자바클로스(가는 올) 45칸×45칸

자바클로스(중간 올) 35칸×35칸

자바클로스(굵은 올) 25칸×25칸

크로스 스티치 실

크로스 스티치를 하는 데 가장 많이 사용하는
실은 25번 자수실과 5번 자수실이며, 25번 자수
실은 천에 맞추어 2겹 또는 3겹 등으로 구분하
여 사용합니다. 실의 올 수는 실과 실 사이로 천
이 보이지 않을 정도가 좋고, 천의 1칸 크기에 따
라 실의 올 수를 다르게 합니다. 수놓을 때는 실
이 느슨했다가 조였다가 하지 않도록 실을 당기
는 정도를 일정하게 유지합니다. 그래야 완성했
을 때 자수 놓은 부분이 울지 않습니다.

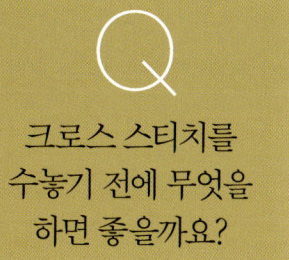

Q

크로스 스티치를
수놓기 전에 무엇을
하면 좋을까요?

A 수놓을 작품의 용도에 맞추어 천을 고르고 도안을 정합니다. 같은 도안을 써도 천의 1칸 크기에 따라 전체 크기가 달라진다는 점을 유념해 천을 고릅니다.

❶ 필요한 치수만큼 천을 잘라, 뒷면에 물을 뿌리고 다림질하여 천의 결을 정돈합니다.

❷ 천의 가장자리는 올이 풀리기 쉬우므로 성기게 휘갑쳐둡니다.

❸ 수놓고 싶은 도안의 네모 칸과 천의 올을 세어가며 위치를 정합니다.

❹ 도안의 위치를 정했으면 시침핀, 시침실, 수성 초크 펜으로 천의 올에 표시합니다.

● **같은 도안이라도 천에 따라 크기가 달라집니다**

아래 도안은 전부 25번 자수실(6겹)로 수놓은 것입니다.

콩그레스(1칸에 가로세로의 짜임실 2올씩 사용)

인디언클로스

자바클로스(가는 올)

자바클로스(굵은 올)

27

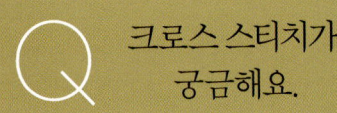

Q 크로스 스티치가 궁금해요.

A 크로스 스티치는 교차하는 실의 순서를 일정하게 하여 수놓는 방법입니다. 같은 색깔을 블록별로 놓으며, 같은 색깔 블록이 이루는 모양 따라 수놓아가는 방향이 정해집니다.

가로로 놓기

가로로 진행할 때의 바느질법으로, 그다지 면적이 넓지 않은 데 놓습니다.

①
3 빼기　2 넣기
1 빼기

②
3　2
5 빼기　1　4 넣기

③
7 빼기　6 넣기
5

앞

뒤

세로로 놓기

세로로 진행할 때의 바느질법으로, 그다지 면적이 넓지 않은 데 놓습니다.

①
1 빼기
3 넣기
2 넣기

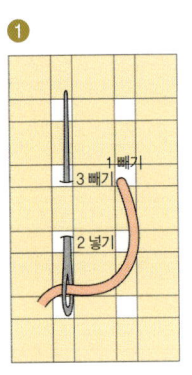

②
5 빼기
3 빼기　1 빼기
2 넣기　4 넣기

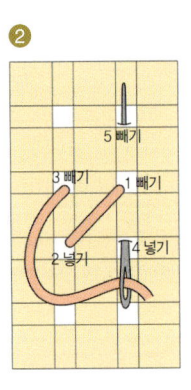

③
5
7 빼기
6 넣기

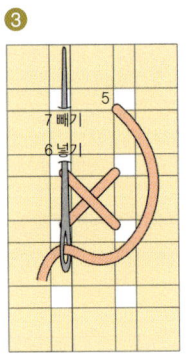

④
9 빼기
7　8 넣기

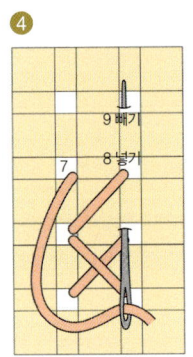

⑤

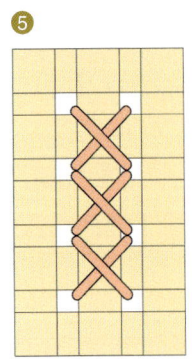

비스듬히 위로 놓기

비스듬히 위쪽으로 진행할 때의 바느질법으로, 그다지 면적이 넓지 않은 데 놓습니다.

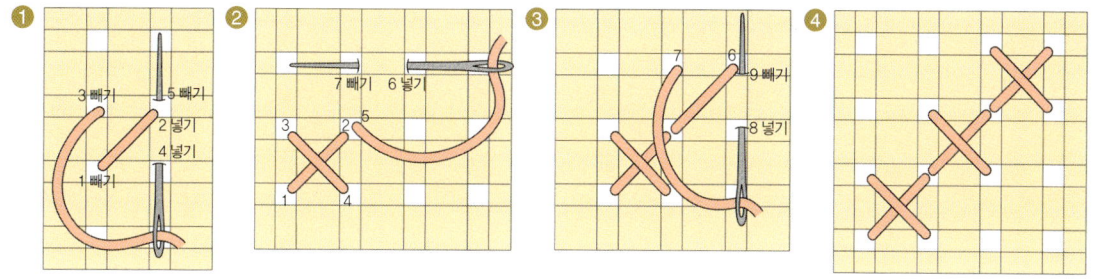

비스듬히 아래로 놓기

비스듬히 아래쪽으로 진행할 때의 바느질법으로, 그다지 면적이 넓지 않은 데 놓습니다.

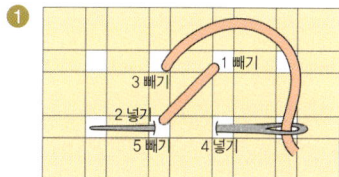
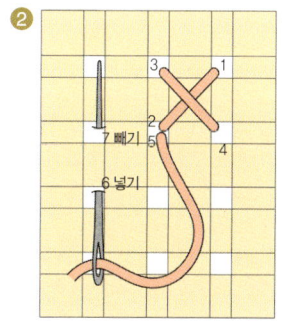
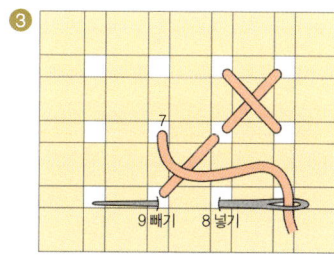

● 크로스 스티치의 크로스(×)는 '/'가 먼저이든 '\'가 먼저이든 상관없습니다

왼쪽은 같은 도안을 두 가지 방법으로 수놓은 것입니다. 즉 × 모양으로 수놓을 때, 위가 되는 실은 \와 /입니다. 둘 중 어느 쪽이 반드시 위가 되어야 한다는 것은 없습니다. 사람에 따라 수놓기 쉬운 쪽으로 놓으며, 한 작품 안에서는 대개 같은 방향으로 수놓습니다.

가로로 왕복하여 놓기

같은 색깔의 실로 넓은 면을 메울 때 쓰입니다.

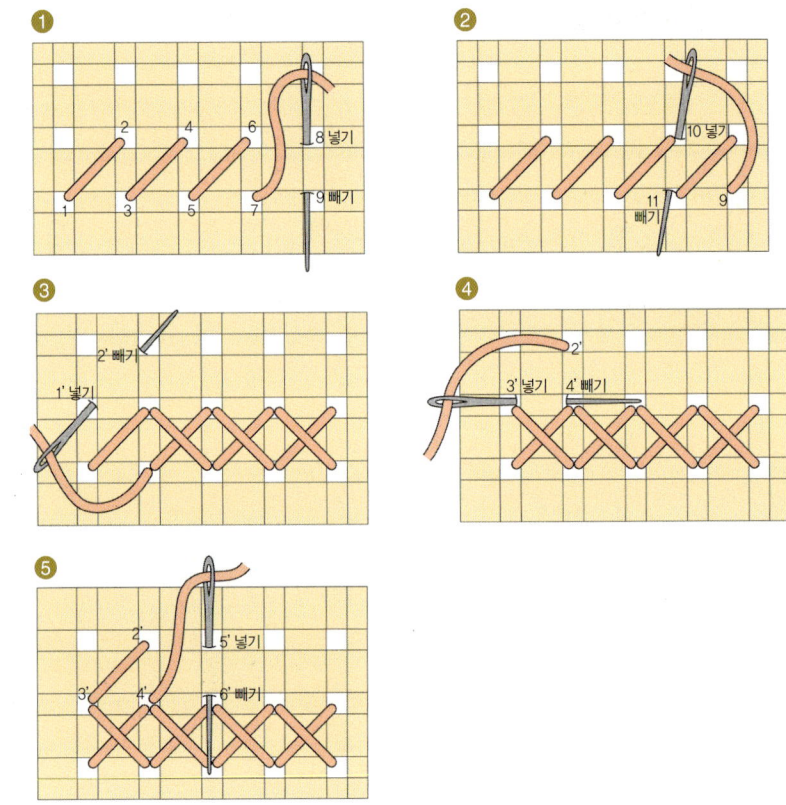

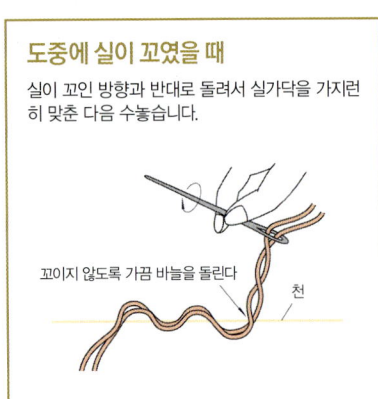
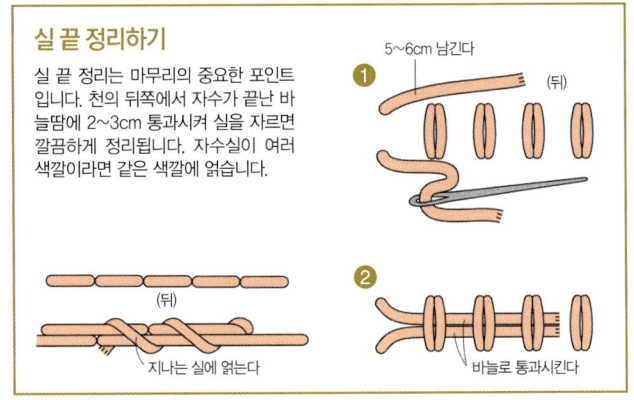

Q

크로스 스티치에서
사용하는
홀바인 스티치는
무엇인가요?

A '홀바인 스티치'는 가는 선을 수
놓을 때, 혹은 윤곽선을 놓아 도안을
인상적이게 하거나 도안의 무늬를 강
조할 때 씁니다. 꽃줄기, 화심 등 세밀
한 부분에 선으로 쓰이기도 합니다.

직선 놓기

오른쪽에서 왼쪽으로 놓습니다.
그다음 왼쪽에서 오른쪽으로 놓으며 되돌아옵니다.

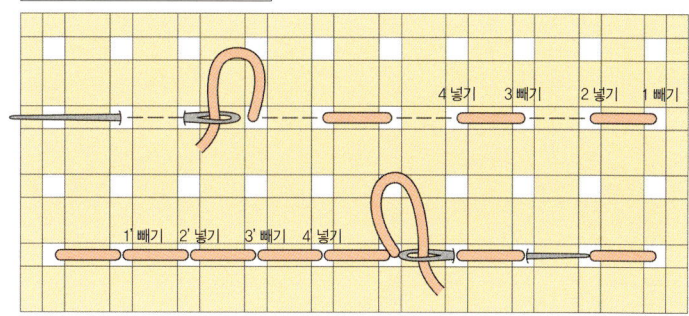

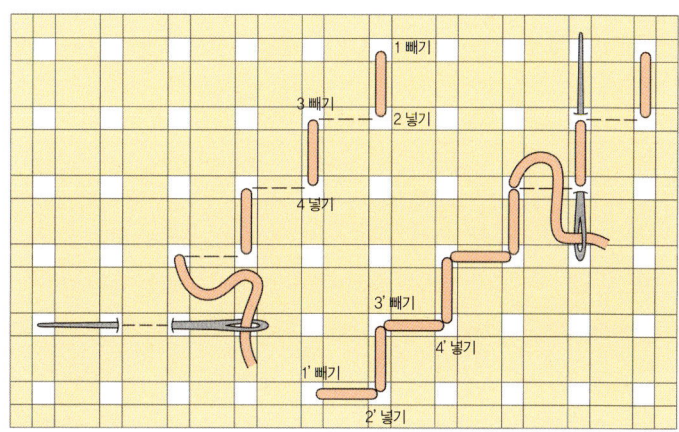

지그재그 놓기

사선 위쪽에서 수직으로 스티
치를 놓은 다음 수평으로 스티
치를 놓으며 되돌아옵니다.

사선 놓기

천의 올을 기준으로 비스듬히
놓고, 직선 놓는 법과 같은 요령
으로 놓으며 되돌아옵니다.

Q

올이 촘촘한
마직물이나
벨벳 등에도
크로스 스티치를
놓을 수 있다고
들었어요.

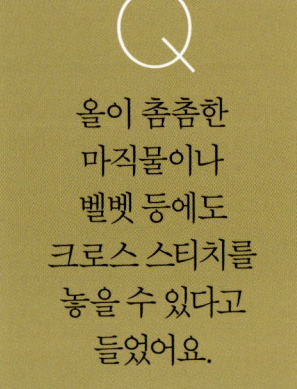

A 짜임실을 세기 어려운 마직물
이나 벨벳 등은 웨이스트 캔버스를 올
려 시침질로 고정하고, 캔버스의 칸을
세어가며 놓습니다. 자수를 마치면 시
침실을 뜯고 여분을 잘라 캔버스의 씨
실과 날실을 한 올씩 뽑습니다. 자수
실은 주로 25번과 5번을 사용합니다.

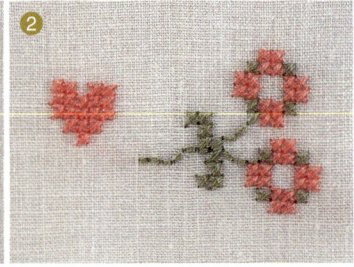

● 웨이스트 캔버스

웨이스트 캔버스는 캔버스 워크용과는 달리 '웨
이스트 캔버스용'으로 시판되고 있습니다.

32

● 수놓는 방법

파우치의 수놓고 싶은 부분에 웨이스트 캔버스를 시침질로 고정하고, 캔버스의 칸 수를 세면서 한 땀 한 땀 수를 놓습니다. 자수가 끝나면 웨이스트 캔버스를 한 올씩 뽑습니다.

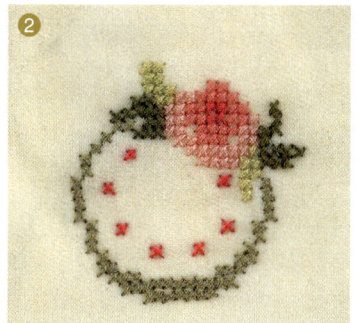

벨벳 파우치에 크로스 스티치를 수놓은 모습입니다.

작품 예

벨벳 파우치에 수놓은 크로스 스티치

하얀 벨벳 파우치에 웨이스트 캔버스로
크로스 스티치를 놓았습니다.
벨벳의 부드러운 질감과
귀여운 크로스 스티치가
어우러져 멋스럽습니다.
완성 크기…폭 13cm×깊이 13cm

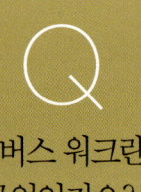

Q 캔버스 워크란 무엇인가요?

A '캔버스 워크'는 구한자수(바탕지인 캔버스의 짜임 칸을 세면서 수놓아 기하학적 무늬를 만드는 자수)에 사용하는 스티치의 총칭으로, 크로스 스티치도 포함됩니다. 여기서 말하는 캔버스 워크는 크로스 스티치와 달리 캔버스지에 놓기 때문에 캔버스지가 보이지 않도록 전부 메웁니다. 촘촘한 캔버스지를 사용하여 하프(half)로 놓으면 '프티 푸앵(petit point)'이라고도 합니다.

캔버스지 종류

싱글

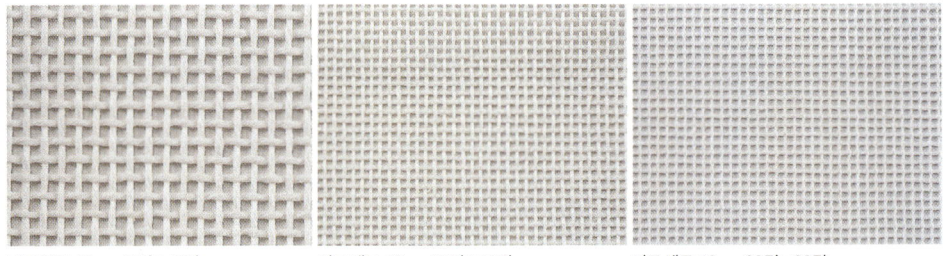

가로세로 10cm 40칸×40칸   가로세로 10cm 60칸×60칸   가로세로 10cm 60칸×60칸

더블

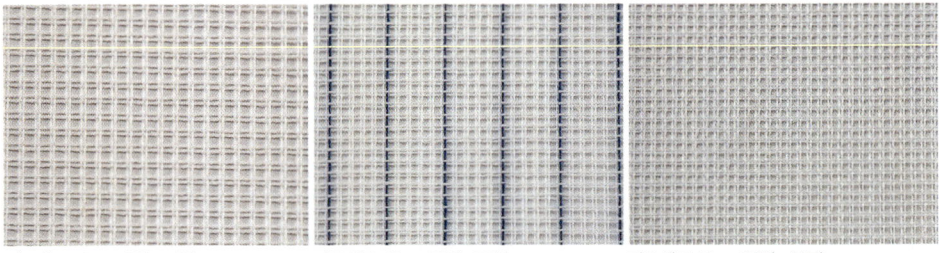

가로세로 10cm 40칸×40칸   가로세로 10cm 50칸×50칸   가로세로 10cm 60칸×60칸

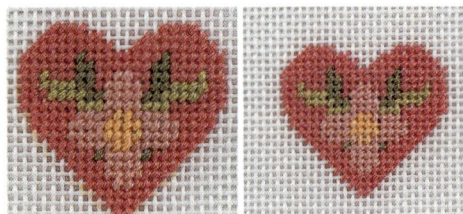

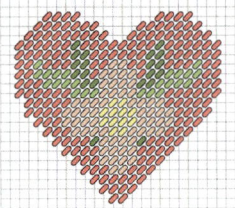

가로세로 10cm 60칸×60칸   가로세로 10cm 70칸×70칸   도안

같은 도안이라도 캔버스지 칸의 크기에 따라 완성 작품의 크기도 달라집니다.

캔버스 워크

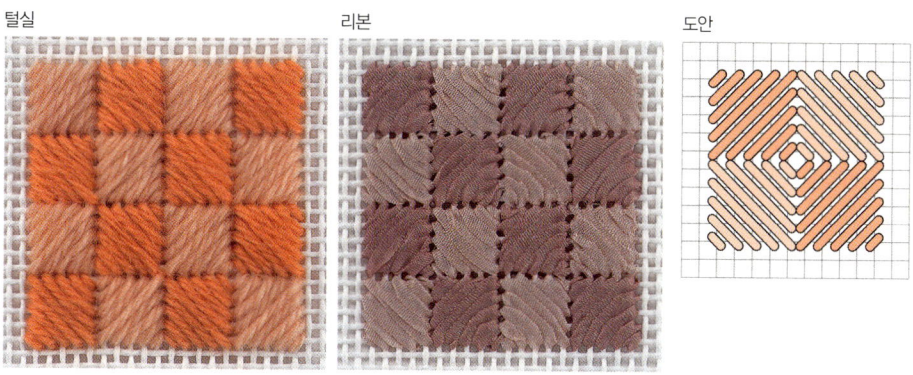

털실

리본

도안

비즈(25번 자수실 2겹)

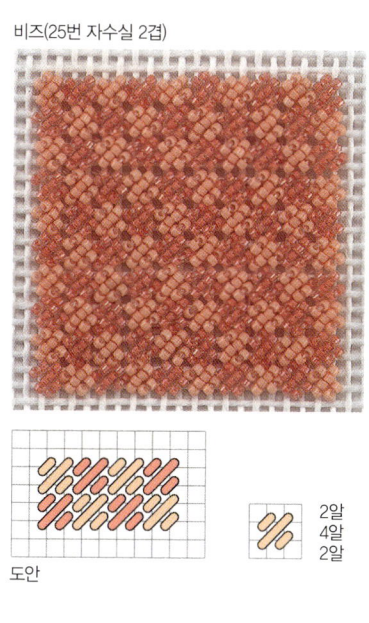

25번 자수실(6겹)

도안

도안

2알
4알
2알

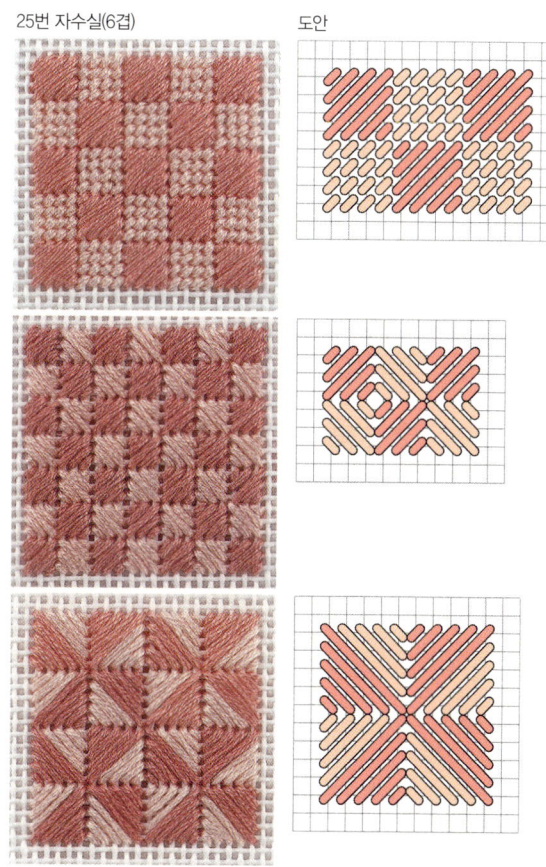

A JOUR EMBROIDERY

케이블 스티치

슬랜트 케이블 스티치

아일릿

스트레이트 스티치

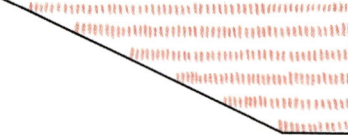

스트레이트 스티치 응용

격자 스티치

스몰 아일릿 스티치

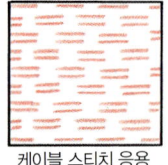

케이블 스티치 응용

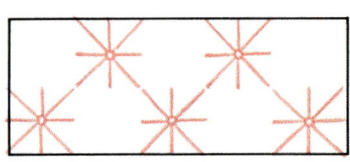

스타 아일릿 스티치

'아주르'는 프랑스어로 '채광창' 또는 '구멍을 뚫다', '구멍으로 빛을 통과시키다' 등의
의미가 있습니다.
아주르 자수는 천에서 빛이 새어나오도록 올이 성긴 천을 실로 조이듯 수놓으며 작은
구멍이 뚫리는 무늬를 만듭니다.

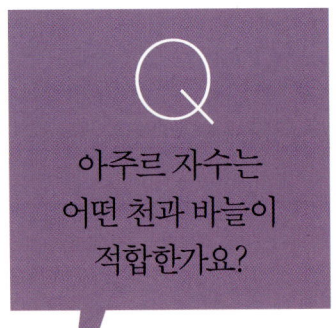

아주르 자수는 어떤 천과 바늘이 적합한가요?

A 아주르 자수는 천의 짜임실을 휘감아 조여서 장식적인 구멍무늬를 만드는 기법이기 때문에, 천의 올을 조이기 쉬운 천이 자수를 놓는 데 적합합니다. 바늘은 얇고 끝이 둥근 바늘을 사용합니다.

아주르 자수용 천

약간 성글고 탄탄한 천이 수놓기 쉽습니다.

☆**포인트**

마 소재의 아주르 자수용 천도 있지만, 씨실과 날실이 같은 약간 성글게 짜인 천이라면 수를 놓을 수 있습니다. 즉, 천의 올이 잘 보인다면 아무 문제없습니다.

아주르 자수실

보통은 25번 자수실을 사용합니다. 아주르 자수는 바탕지의 색상과 가까운 색으로 수를 놓으면 부드러운 느낌이 납니다. 바탕지의 색상과 동떨어진 색을 쓰고 싶다면, 바늘땀이 두드러지니 가지런히 놓을 수 있도록 연습해야 합니다.

아주르 자수 준비

❶ 먼저 작품의 크기를 정합니다.

❷ 만들 작품의 도안과 무늬를 수놓을 위치, 대강의 디자인을 생각합니다.

❸ 위치를 정했으면 시침핀, 시침실, 수성 초크 펜 등으로 천 위에 표시합니다.

❹ 정한 위치에 어떤 스티치(조이는 방법)를 놓을 것인지 정합니다.

❺ 하나의 스티치로 블록이 생겼으면, 디자인에 따라 그 무늬를 전개해나갑니다.

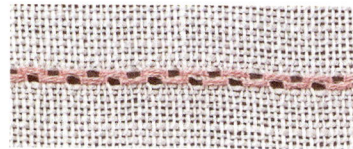

Q

아주르 자수를
책에서 종종
보게 되는데,
스티치 놓는 법이
궁금해요.

A 천의 짜임실을 조여 구멍무늬
를 만드는 아주르 자수는, 무늬 사이
로 뒤가 비쳐 보이니 뒤로 지나는 실을
의식하면서 수놓습니다.

케이블 스티치

1에서 빼서 2로 넣고, 3에서 빼서
4로 넣기를 반복하여 놓습니다. 3에
서 뺄 때는 실을 당겨 조여야 합니다.

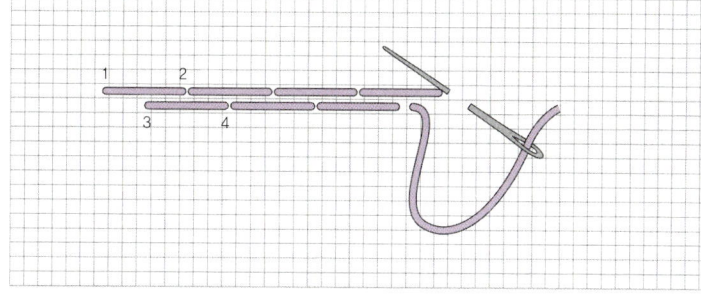

☆**포인트** 매듭을 지어 자수를 시작합니다.

슬랜트 케이블 스티치

아일릿

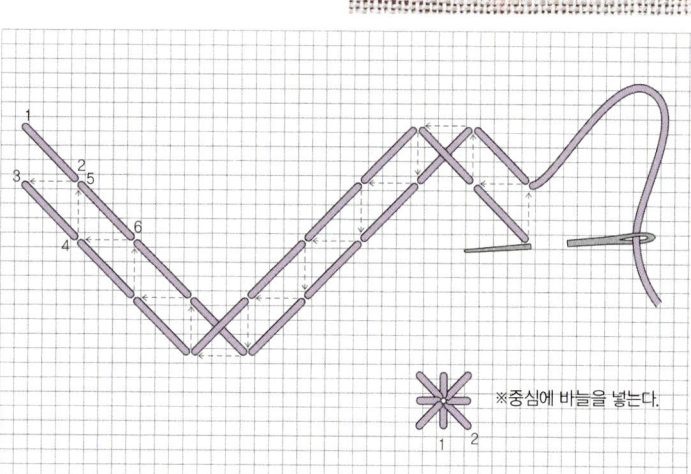

슬랜트 케이블
스티치

1에서 빼서 2로 넣고, 3에서 빼서
4로 넣기를 반복하여 놓습니다.

아일릿

1에서 빼서 중심으로 넣고, 2에서 빼
서 중심으로 넣기를 반복하면 아일
릿이 생깁니다.

※중심에 바늘을 넣는다.

스트레이트 스티치

1에서 빼서 2로 넣고, 3에서 빼서 4로 넣기를 반복합니다. 이 스티치는 가로세로를 규칙적으로 조이면서 놓습니다.

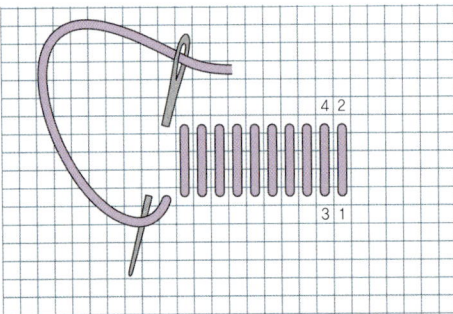

케이블 스티치 응용

1에서 빼서 2로 넣고, '3에서 빼서 4로 넣고, 5에서 빼서 6으로 넣기'를 반복하여 놓습니다.

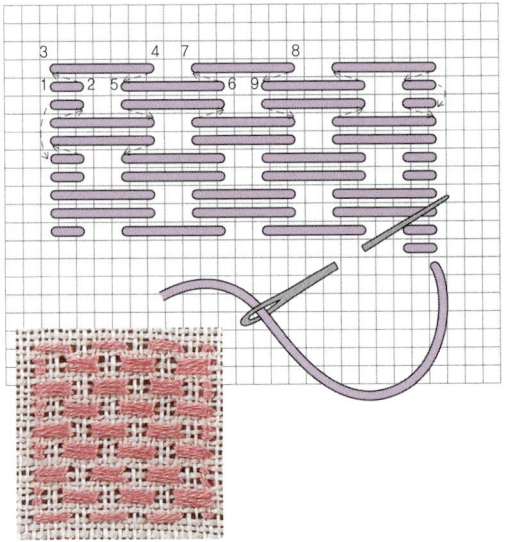

스트레이트 스티치 응용

가로세로를 규칙적으로 스트레이트 스티치로 놓습니다.
첫 번째 줄을 모두 놓은 다음 두 번째 줄을 놓습니다.

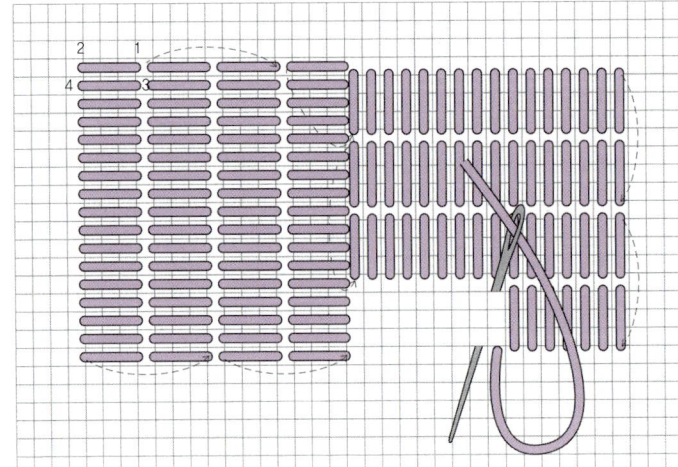

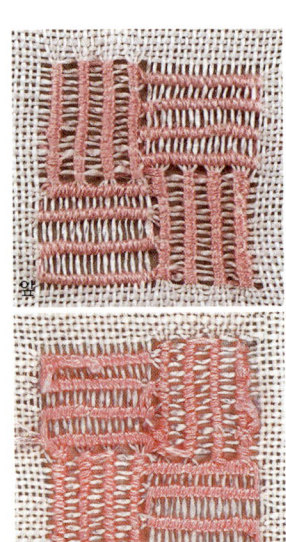

격자 스티치

스트레이트 스티치를 놓아, 천의 올
4올을 조여서 격자무늬를 만들기 때
문에 '격자 스티치'라 합니다.
다양한 크기를 만들 수 있으며, 격자
안에 무늬를 놓을 수도 있습니다.

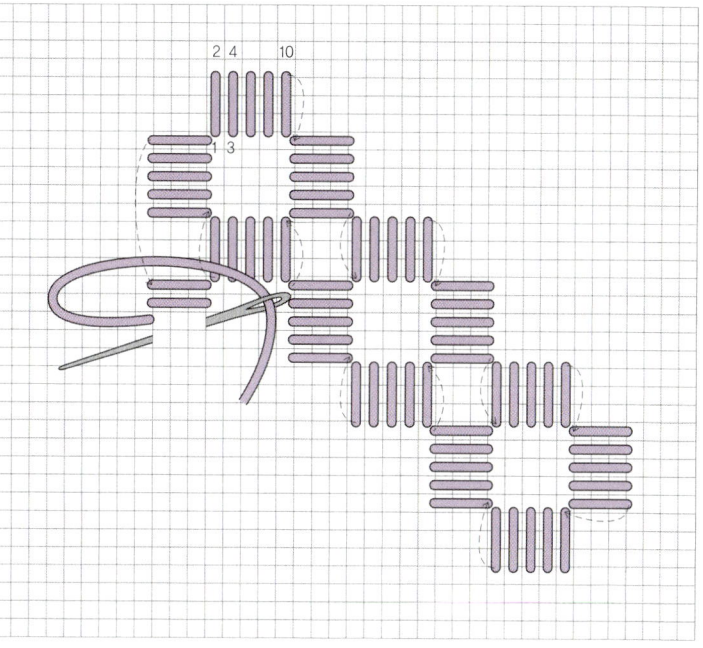

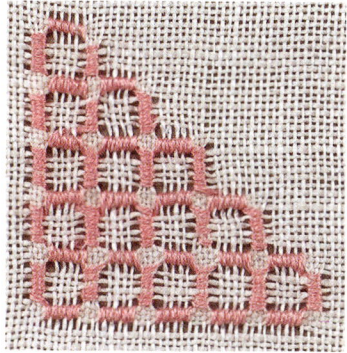

스몰 아일릿 스티치

1에서 빼서 중심으로 넣고, 2에서 빼
서 중심으로 넣기를 반복하여 16까
지 놓습니다.
한마디로 중심에 작은 구멍이 뚫리
는(아일릿) 스티치입니다.

※중심에 바늘을 넣는다.

스타 아일릿 스티치

1에서 빼서 2로 넣고, 3에서 빼서 4로 넣기를 16까지 반복하여 놓고, 다음 아일릿으로 넘어갑니다.

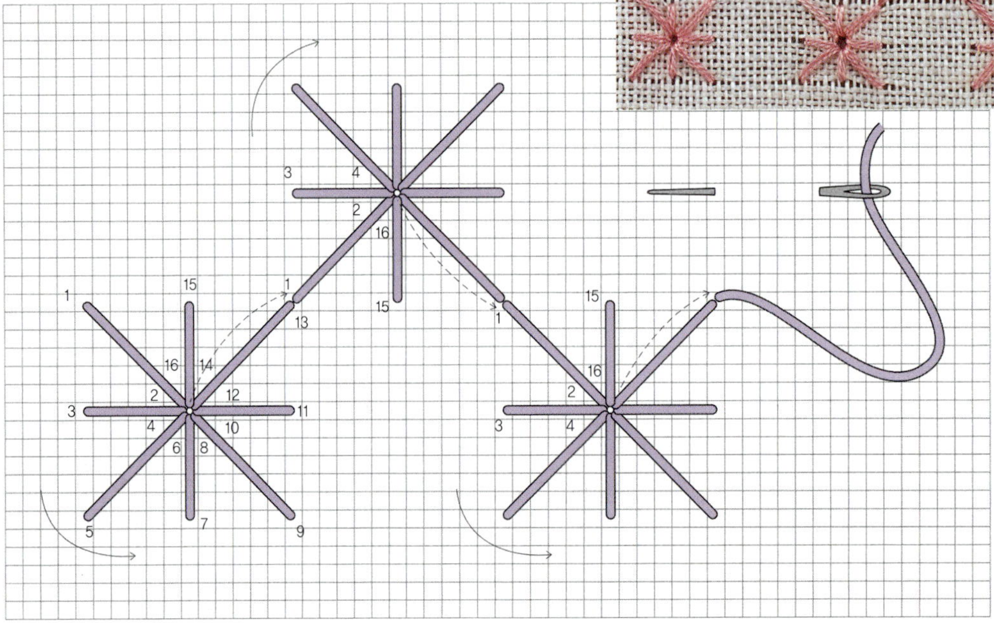

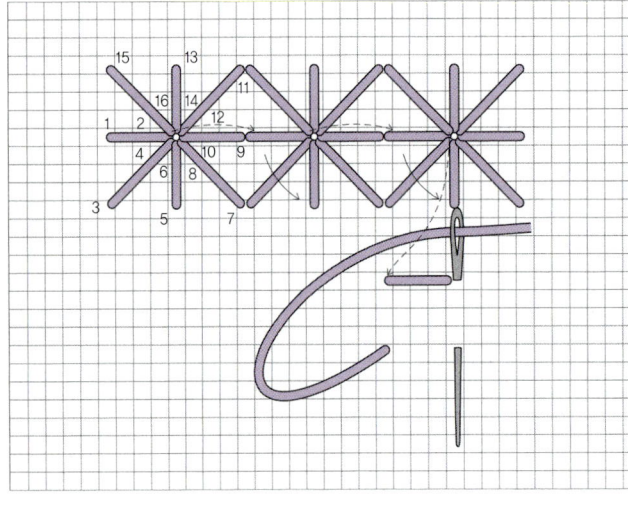

두 번 접어 케이블
스티치를 놓는다

위아래에 스트레이트
스티치를 놓아 리본 끼
우는 구멍을 만든다

작품 예

성긴 마직물에
아주르 자수를 놓아
소품 주머니로

아주르 자수는 천의 짜임실을
조여서 수놓는 기법뿐이므로,
조이기 쉬운 천만 고르면 간단합니다!
완성 크기…폭 11cm×깊이 16cm

● 만드는 방법

① 만들 작품의 크기를 정하고, 입구의 케이블 스티치를 놓을 자리를 남겨놓
은 다음 도안을 따라 수놓습니다.

② 자수를 끝냈으면 바닥을 중심으로 겉이 맞닿게 접어 양옆을 꿰맵니다.

③ 바느질한 선을 다린 다음 접는 선으로 삼아 시접을 앞쪽으로 접어서 다리
미로 누릅니다.

④ 겉으로 뒤집어 입구 양옆의 시접을 갈라 두 번 접고 케이블 스티치로 고정
합니다.

⑤ 스트레이트 스티치로 만들어놓은 구멍에 리본을 끼우면 완성입니다.

DRAWN THREAD WORK

한쪽 헴 엮기

산길 엮기

기둥 엮기

떠서 엮기A

휘감아 엮기

떠서 엮기B

거미집 엮기

매듭 엮기

지그재그 엮기

격자 엮기

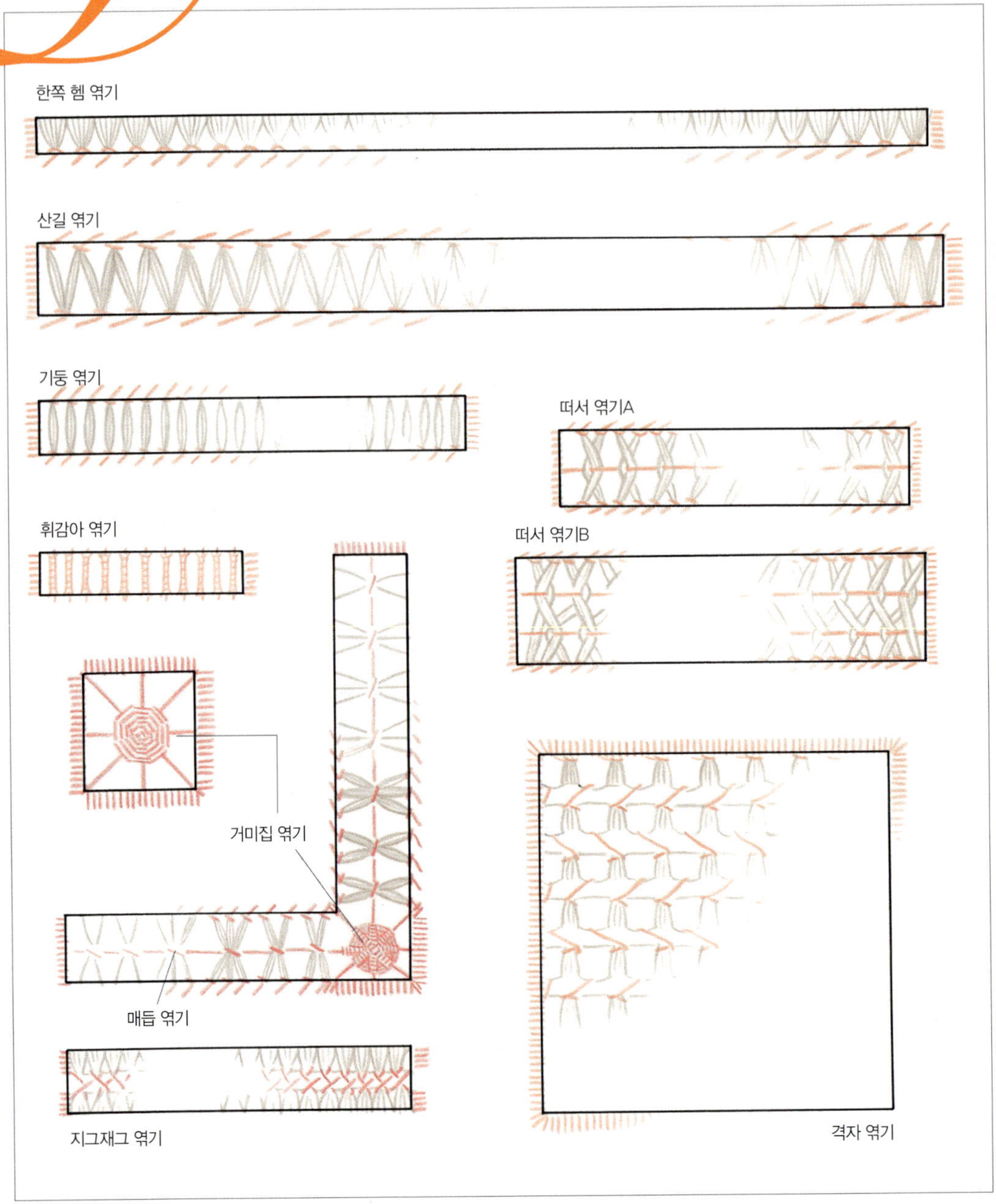

'드론(drawn)'은 '끌어당기다'라는 뜻으로, 실을 뽑고 얽어매는 기법입니다. 드론워크는 테이블센터 등의 가장자리 휘갑치기에 사용되며, 씨실이나 날실을 규칙적으로 뽑고 남은 실을 다양한 방법으로 얽어 무늬를 만들기도 합니다.

Q

테이블센터 등의
가장자리 정리 외에
드론워크를
사용할 데가 있나요?
주로 어떤 천과
실을 사용하면
좋은가요?

A 드론워크는 가장자리 정리에도
쓰이지만, 씨실이며 날실을 규칙적으
로 뽑은 다음 남은 실을 다양한 방법
으로 얽어매어 무늬를 만드는 기법이
므로 비침무늬로도 제격입니다.

드론워크용 천

올이 조밀하지 않은 마직물 천은 다루기 쉬워 대부분의 자수에 적합합니다.

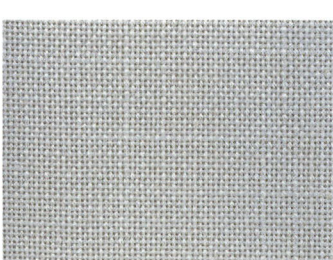

실 자수, 비즈 자수 등에도 사용할 수 있습니다.

하덴거, 리본 자수, 비즈 자수 등에도 사용할 수 있습니다.

하덴거, 리본 자수, 비즈 자수 등에도 사용할 수 있습니다.

드론워크용 실

보통은 25번 자수실을 바탕지에 맞추어 2겹 또는 3겹으로 수놓습니다. 물론 어브로더 실도 사용할 수 있습니다. 종종 드론워크를 하는 천에서 뽑은 실로 수를 놓는 경우도 있습니다.

드론워크 준비

❶ 먼저 만들 작품의 크기부터 정합니다.

❷ 작품의 도안과 무늬를 수놓을 위치, 대강의 디자인을 생각합니다.

❸ 위치를 정했으면 시침핀, 시침실, 수성 초크 펜 등으로 천 위에 표시합니다.

❹ 실을 뽑아낼 양쪽 끝을 정리하는데, 한쪽만 정리하여 시작하기도 합니다.

❺ 끝단 정리, 실 뽑는 방법은 천의 올 굵기에 따라서도 달라집니다.

❻ 각각의 스티치(엮기)로 수를 놓으면 됩니다.

드론워크의
실 뽑는 방법과
얽어매는 방법이
궁금해요.

씨실 뽑는 방법

오른쪽 그림은 씨실을 뽑아 드론워크를 하는 준비 과정입니다. 완성 위치에서 3cm 정도 안쪽의 씨실을 자르고, 풀어낸 실을 뒤쪽으로 접어 함께 엮습니다.

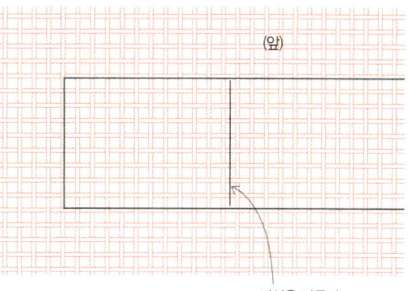

(앞)

씨실을 자른다

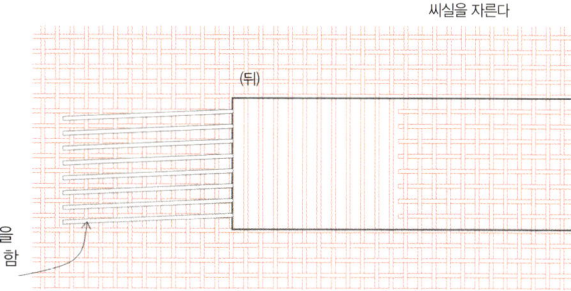

(뒤)

풀어낸 실을
뒤로 접어 함
께 엮는다

A 드론워크는 실을 뽑고 얽어매는 기법이므로 실을 뽑기 쉬운 천을 고르는 것이 중요합니다. 실을 엮을 때는 가늘고 끝이 둥근 바늘을 사용합니다.

잘라낸 가장자리를 얽어매는 방법

버튼홀 스티치

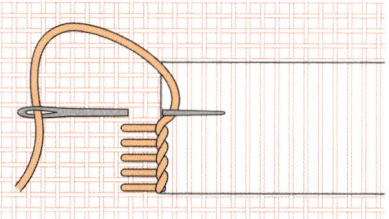

휘감아 엮기

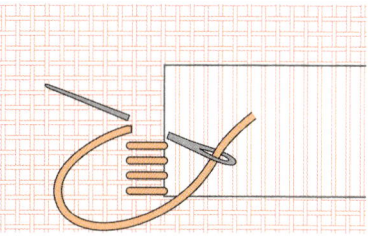

걸쳐 있는 실을 얽어매는 방법

한쪽 헴 엮기

❶

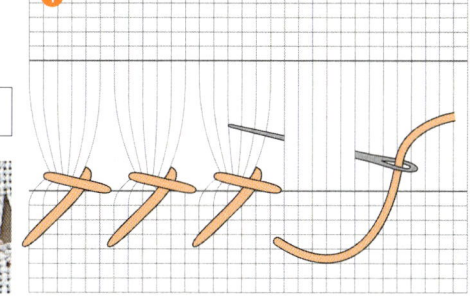

❷

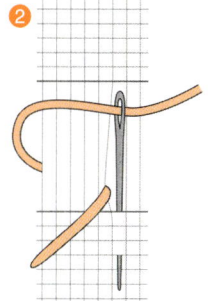

기둥 엮기

'기둥 엮기'는 위아래의 짜임실을 모아서 얽어맵니다.

①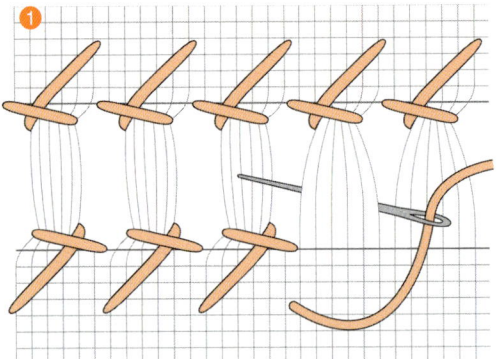

②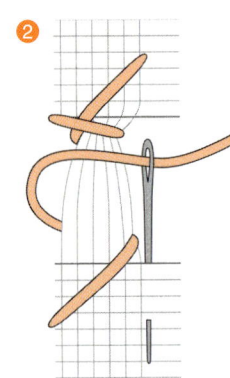

산길 엮기

'산길 엮기'는 위아래의 짜임실이 엇갈리도록 엮습니다.
둘로 나뉘므로 처음 엮을 때는 짝수로 합니다.

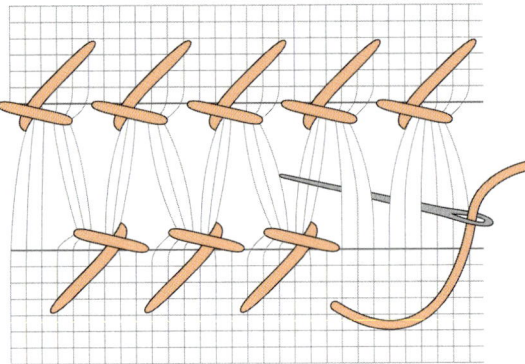

떠서 엮기A

기둥 엮기로 얽은 짜임실을 바늘로 뜨면서 교차시켜나갑니다.

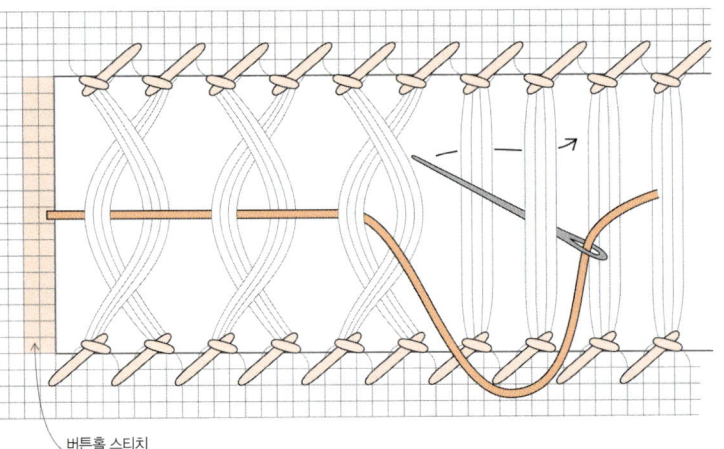

버튼홀 스티치

떠서 엮기B

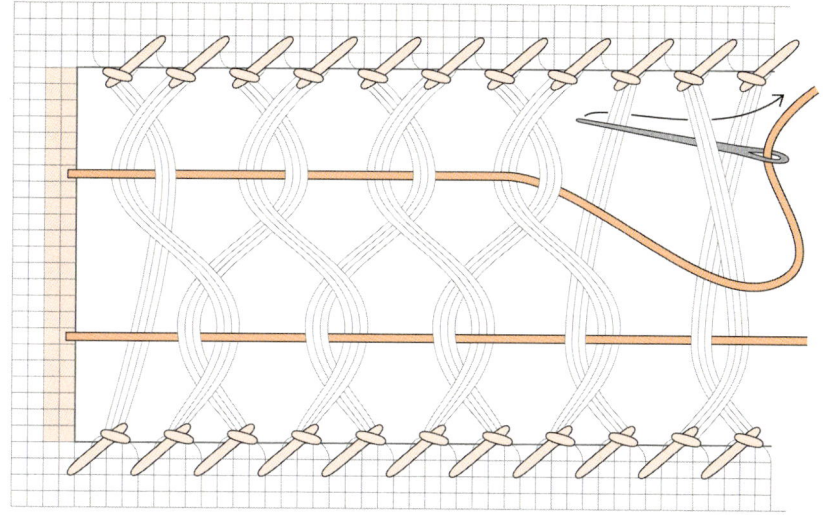

'떠서 엮기A'에 한 가닥을 더 움직여
떠서 엮기를 합니다.

휘감아 엮기

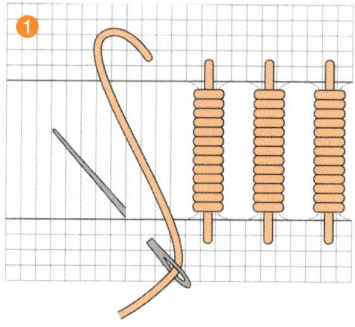

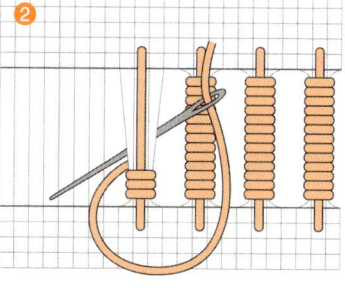

씨실을 자른 날실에 실을 1올 더해
휘감습니다.

지그재그 엮기

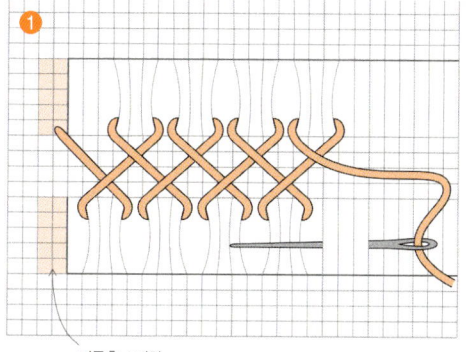

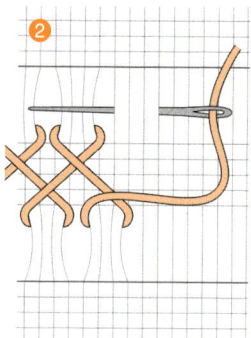

위아래의 씨실을 뽑고 새발뜨기하
는 요령으로 뜨면 '지그재그 엮기'입
니다.

버튼홀 스티치

매듭 엮기A

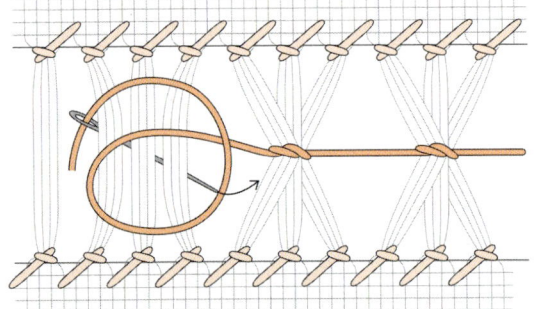

매듭 엮기B

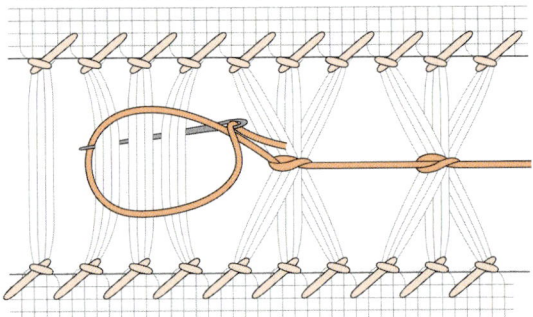

기둥 엮기의 중앙을 묶으면
'매듭 엮기'입니다

거미집 엮기

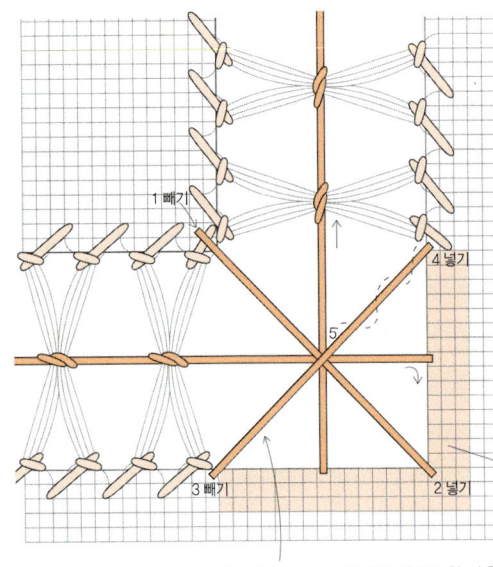

1 빼기

4 넣기

5

3 빼기

2 넣기

버튼홀 스티치

실을 1, 2, 3, 4로 건네고 5에서 거미집 엮기를 한 다음
3으로 돌아와 뒤쪽 실 사이로 통과시켜 고정합니다.

❶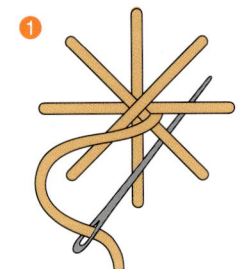

❷

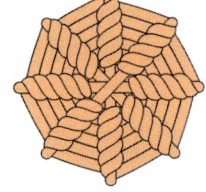

격자로 실을 뽑을 때

씨실과 날실을 완성 위치의 3cm 정도 안쪽에서 5올 간격으로 자르고, 풀어낸 둘레의 실은 뒤쪽으로 접어서 버튼홀 스티치를 한 다음 중앙의 실을 뽑아냅니다.

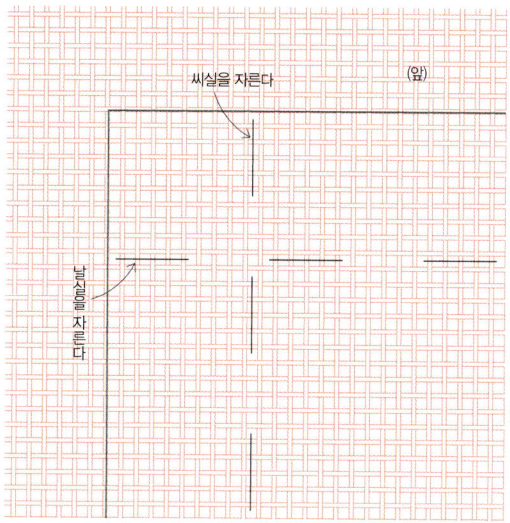

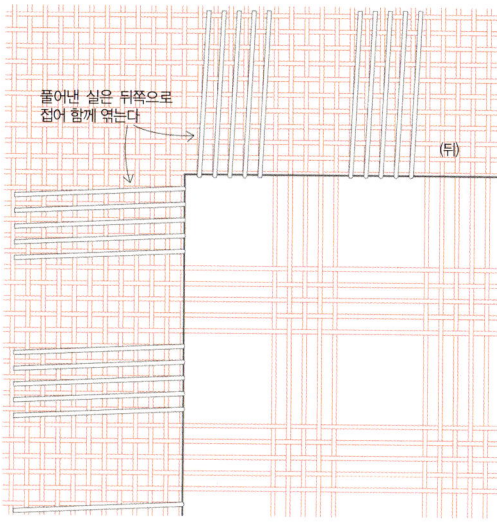

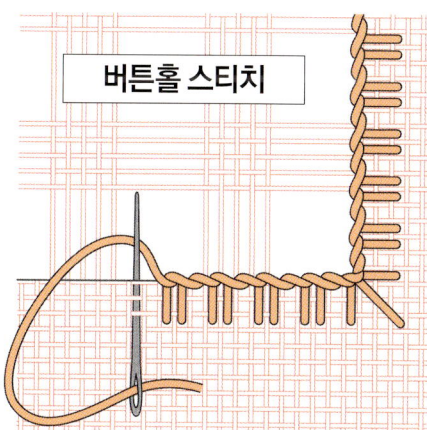

버튼홀 스티치

씨실과 날실을 얽어매는 방법

격자 엮기

거미집 엮기

씨실과 날실을 뽑고 구멍이 뚫린 부분에 실로 얽습니다.

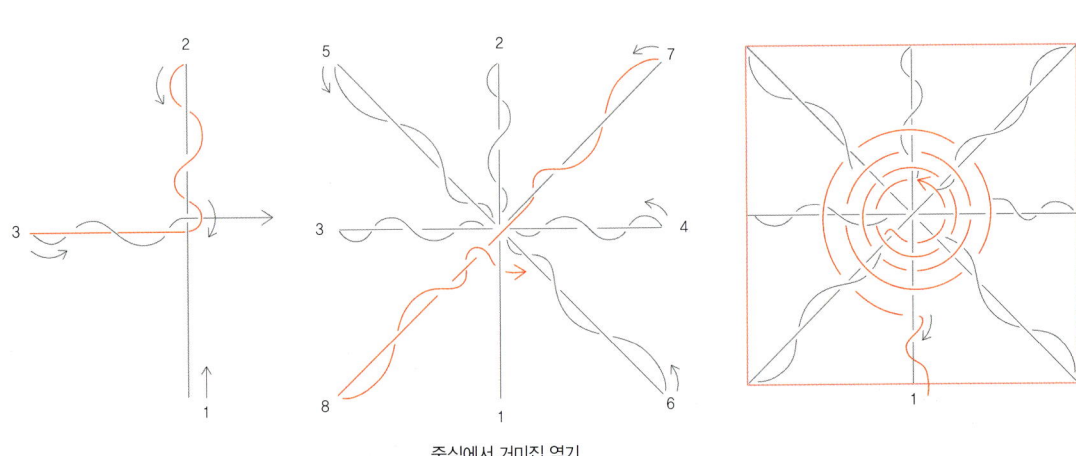

중심에서 거미집 엮기

헴 엮기

뒷면을 보고 왼쪽에서 오른쪽으로 엮고, 짜임실은 매번 같은 올 수를 뜹니다.
잘라낸 같은 천의 짜임실로 엮으면 표가 나지 않고 깔끔하게 완성할 수 있습니다.

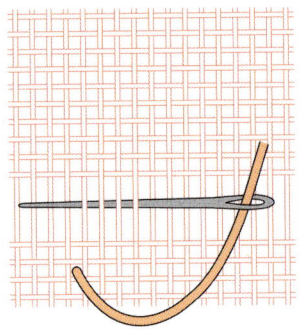 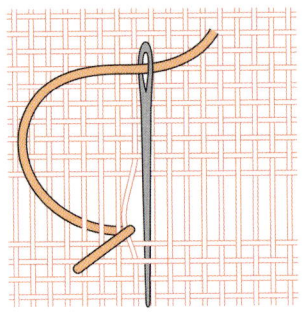 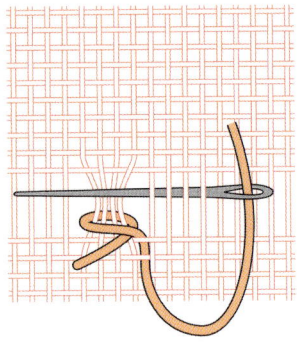

작품 예

드론워크가 시원해 보이는
코스터

핑크색 마직물에
드론워크를 입힌 코스터입니다.
이대로 크게 만들면
테이블센터나 테이블클로스가 됩니다!

완성 크기···12cm×12cm

모서리 시접 정리법

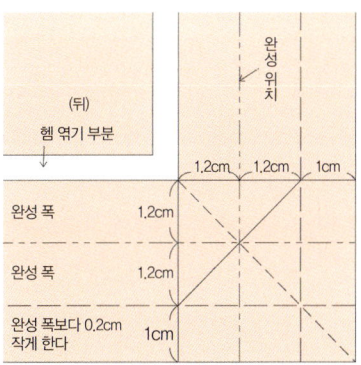

① 완성 위치를 표시하고, 안쪽과 바깥쪽에 헴 폭의 치수(1.2cm)를 잡습니다. 다시 헴 폭의 바깥쪽에 헴 폭보다 0.2cm 작게 1cm를 잡고, 재단합니다.

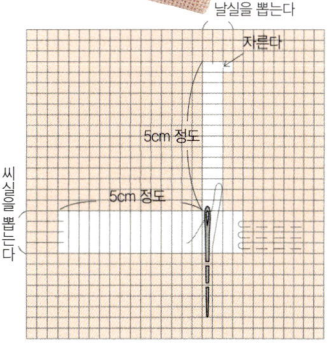

② 헴 엮기 부분은 네 모서리 5cm 정도에서 잘라 실을 뽑습니다. 뽑은 실을 바늘에 꿰어 가로세로 모두 천의 끝 쪽으로 집어넣고, 변 부분의 남은 짜임실은 뽑습니다.

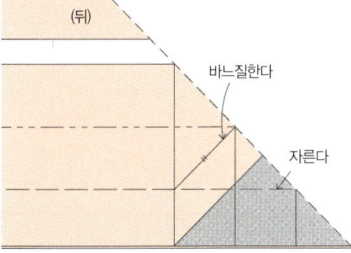

③ 모서리를 반으로 접고 표시를 맞추어 바느질 합니다.

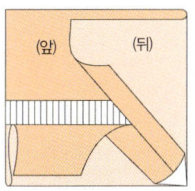

④ 모서리를 정돈하고 헴 부분을 겉으로 뒤집습니다.

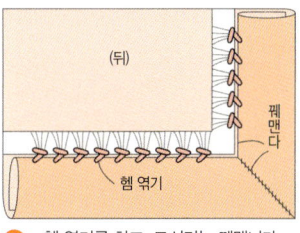

⑤ 헴 엮기를 하고, 모서리는 꿰맵니다.

HARDANGER STICKEREI

하덴거

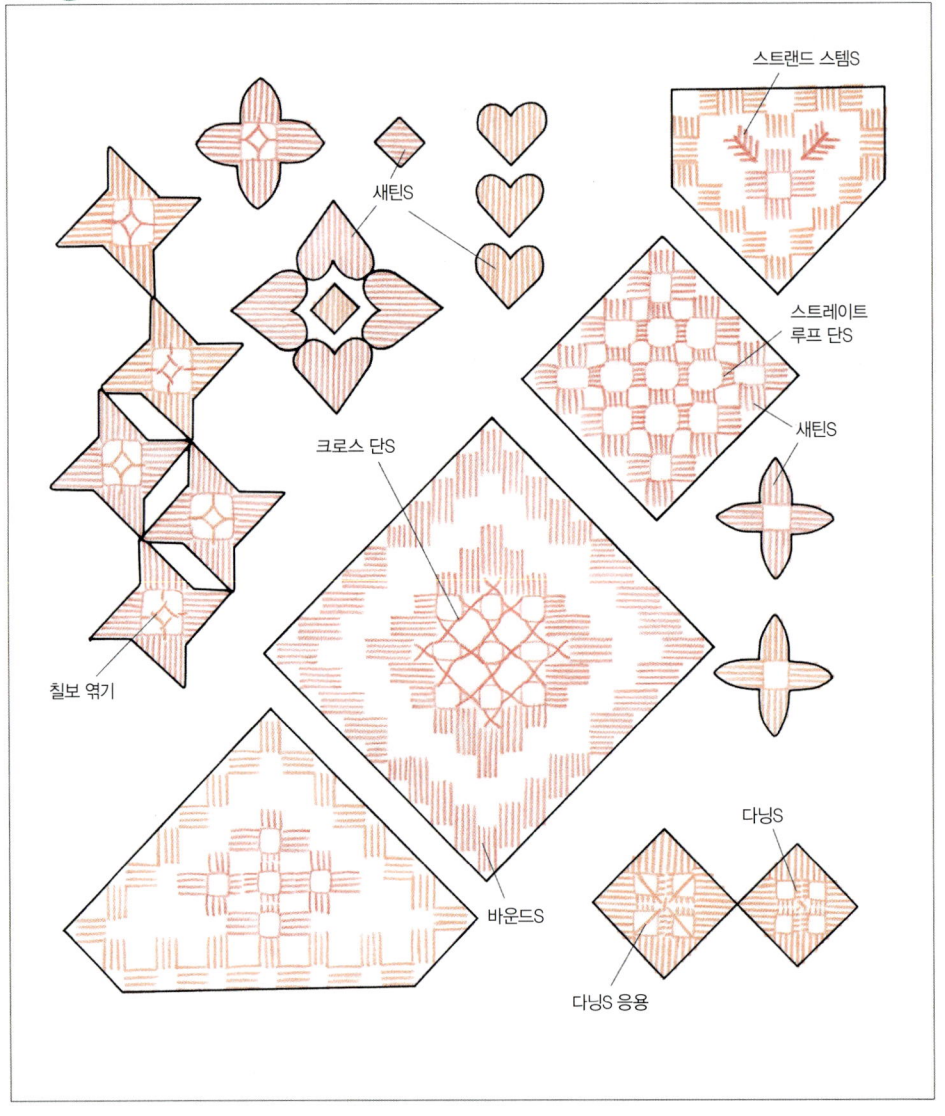

스트랜드 스템S

새틴S

스트레이트
루프 단S

새틴S

크로스 단S

칠보 엮기

다닝S

바운드S

다닝S 응용

'하덴거'는 노르웨이의 지명에서 이름을 딴 기법입니다. 올이 성긴 천에 새틴 스티치나 새틴 스티치를 블록으로 놓은 부분의 실을 뽑고, 격자 모양으로 감치거나 하여 기하학적 무늬를 만듭니다.

Q 하덴거 자수에
적합한 천, 실, 바늘을
알려주세요.

A 천, 실, 바늘은 각각의 균형이
중요합니다. 천의 올이 굵다면 굵직한
실과 바늘을, 천의 올이 가늘다면 가
는 실과 바늘을 사용합니다.

하덴거용 천

씨실과 날실의 굵기가 같은 평직 천이 적합합니
다. 수예전문점에서 시판하는 '콩그레스 타입의
천'이나 '2올 평직 타입의 천' 등이 수놓기 편하
고, 평직이라면 옷감 등으로 대체할 수도 있습
니다. 천의 올 간격은 1cm 안에 짜임실이 가로
세로 6~12올 정도가 적당합니다. 올 간격에 따
라 무늬 크기가 결정되므로 목적에 맞추어 천
을 선택합니다.

하덴거용 실

실은 자수실 25번과 5번, 굵은 번수의 어브로
더 실 등을 사용합니다. 자수실은 꼬임이 있으
므로, 실의 꼬인 정도를 항상 같은 상태로 유지
하면서 수놓는 것이 작품을 아름답게 완성하는
비결입니다.

하덴거용 바늘

태피스트리 바늘, 크로스 스티치 바늘, 털실 돗
바늘 등 바늘 끝이 둥근 바늘이면 좋습니다.

Q 하덴거 자수 천을
샀는데, 시작하기 전에
무엇을 하면 좋을까요?
자수 시작과 끝,
수놓는 순서도
궁금합니다.

A 하덴거는 평직의 올
이 잘 풀리는 천을 사용하
므로, 천 끝을 휘갑쳐두는
일을 가장 먼저 합니다. 특
히 새틴 스티치를 블록으로
놓았을 때, 천의 뒤쪽으로
불필요한 실이 지나지 않도
록 합니다.

새틴 스티치를 블록으로 놓을 때

● 자수 시작의 실

뒤쪽에 실을 조금 남기고, 새틴 스티치 아래에 숨겨
지도록 두 땀을 놓고 1로 바늘을 빼서 새틴 스티치를
놓기 시작합니다. 남겨두었던 실은 뒤쪽을 지나는 실
안으로 통과시켜 자릅니다.

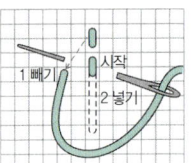

● 자수 끝의 실

새틴 스티치 블록을 놓은 뒤쪽에서 스티치 실을 뜨고 바늘을 되돌
려 새틴 스티치 안으로 통과시켜 실을 자릅니다.

❶

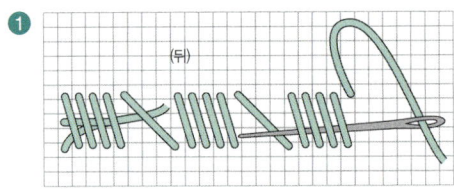

❷

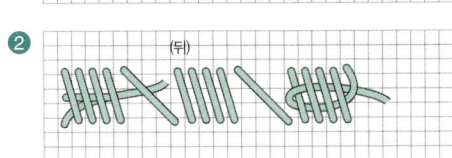

새틴 스티치로
블록 놓는 방법

● 평행하게 줄지어 놓을 때

블록과 블록 사이는 뒤쪽에서 비스듬히
실이 지나도록 놓습니다.

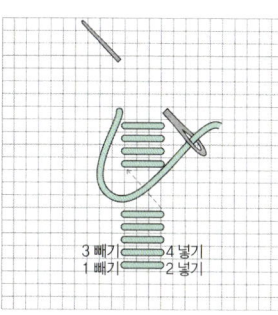

3 빼기　4 넣기
1 빼기　2 넣기

● 사선으로 놓을 때

실의 방향을 바꿀 때는 반드시 직각으로
틀고, 첫 스티치와 이전 새틴 스티치 블록
의 마지막 스티치는 같은 구멍으로 바늘
을 넣어야 합니다.

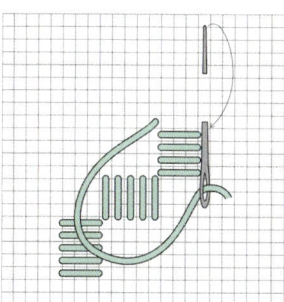

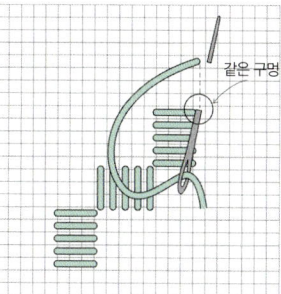

같은 구멍

하덴거 자수는
새틴 스티치뿐인가요?
짜임실은 언제
뽑나요?

A 대부분이 새틴 스티치입니다.
새틴 스티치로 블록을 만든 부분의 짜
임실을 스티치에 닿을락 말락 한 위치
에서 잘라 뽑습니다.

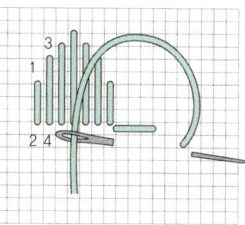

새틴 스티치

스트레이트 스티치를 천의 올에 맞추
어 평행하게 놓아 모양을 만드는데 다
양한 무늬를 수놓을 수 있습니다.
좌우대칭일 때는 중심에서 좌우로 나
누어 놓습니다.

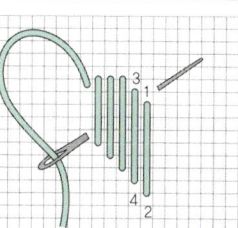

바운드 스티치

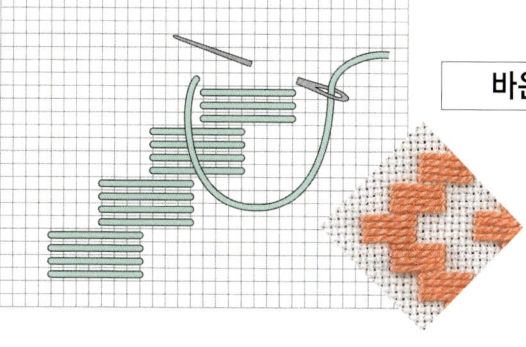

새틴 스티치 응용으로
3줄 또는 4줄씩 높이
가 다르게 또는 가로.
세로, 사선 등으로 놓
을 수 있습니다.

스템 스티치

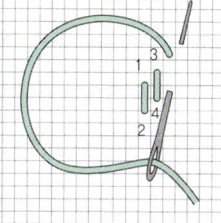

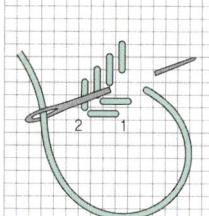

천의 올을 따라 비스듬히 놓으
며, V자로 놓으면 '스트랜드 스
템 스티치'가 됩니다.

짜임실 뽑는 방법

실을 뽑을 때는 새틴 스티치로 실을 고정한 후에 뽑습니다.
모서리 부분의 가로와 세로 스티치는 같은 칸으로 들어갑니다.

격자로 실을 뽑을 때

실 뽑을 부분의 둘레를 새틴 스티치로 수놓아 블록을 만듭니다. 실을 자를 수 있는 곳은 스티치가 걸린 바늘땀의 가장
자리 부분뿐이며, 이때 수놓은 실을 자르지 않도록 주의합니다.

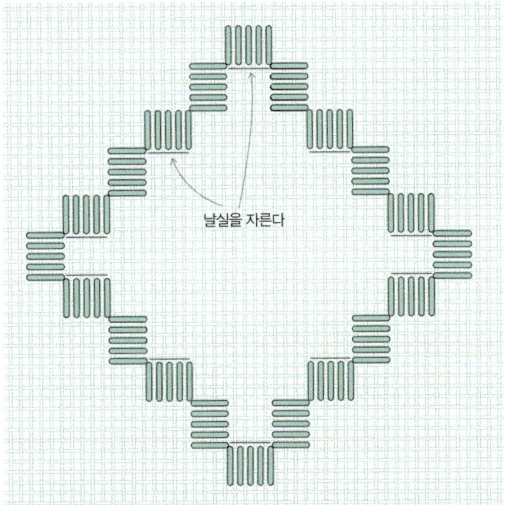

날실을 자른다

① 실로 얽어매고 있는 바늘땀의 가장자리에서 날실을 한 올
한 올 가위로 자르고, 실을 뽑아냅니다.

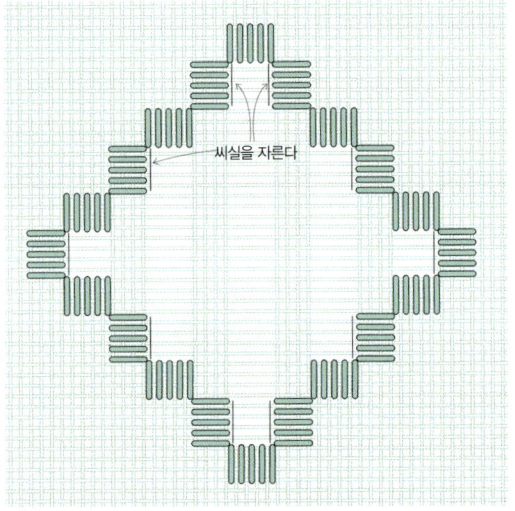

씨실을 자른다

② 같은 요령으로, 실로 얽어매고 있는 바늘땀의 가장자리에서
씨실을 한 올 한 올 가위로 자르고 뽑아냅니다.

③ 새틴 스티치 블록의 가장자리에서 실 끝이 보이지 않도록
여분의 실을 잘라 마무리합니다.

네모나게 실을 뽑을 때

실을 뽑고 싶은 부분의 사방을 새틴 스티치
로 수놓아 블록을 만듭니다.
스티치를 놓은 바늘땀의 가장자리에서 씨
실과 날실을 한 올 한 올 가위로 자르고 뽑
으면 됩니다.

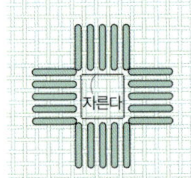

자른다

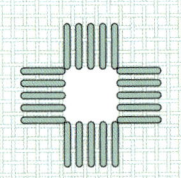

여러 가지 감치기

'감치기'는 새틴 스티치를 놓고 안쪽 블록의 실을 뽑은 다음 시작합니다.

스트레이트 루프 단 스티치

남겨놓은 짜임실을 휘 감칩니다.

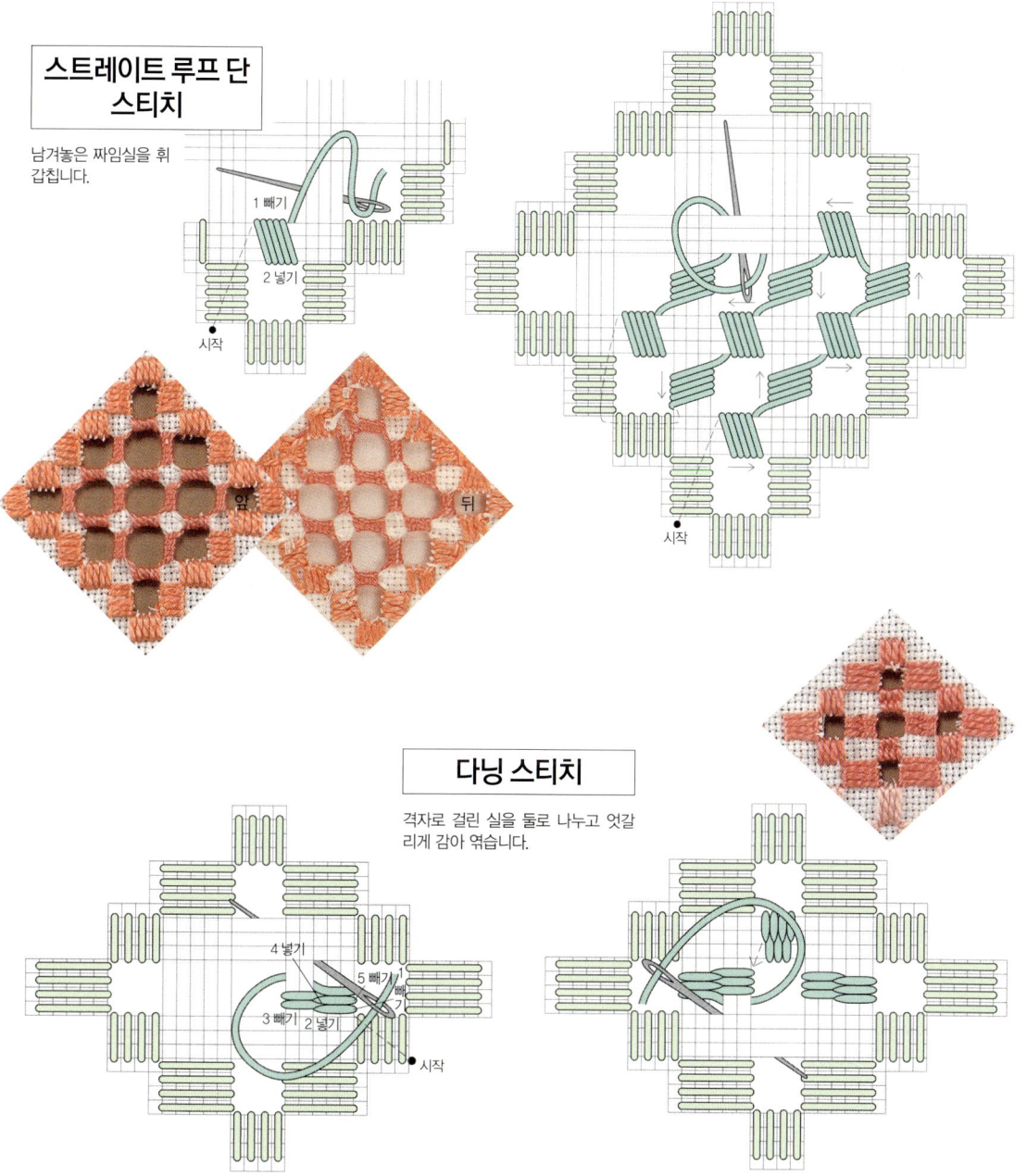

다닝 스티치

격자로 걸린 실을 둘로 나누고 엇갈 리게 감아 엮습니다.

다닝 스티치 응용

다닝 스티치를 한 부분에 실을 교차시켜 건네며 수를 놓습니다.

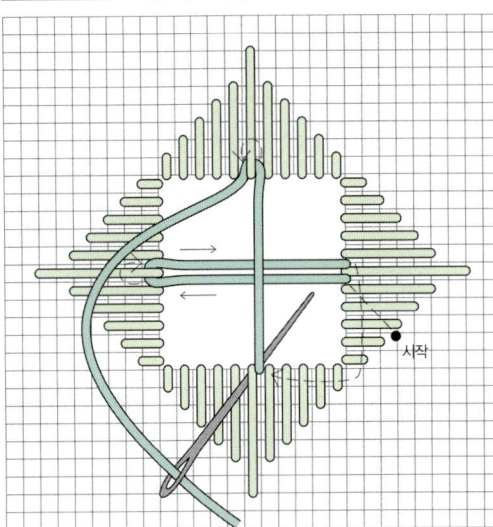

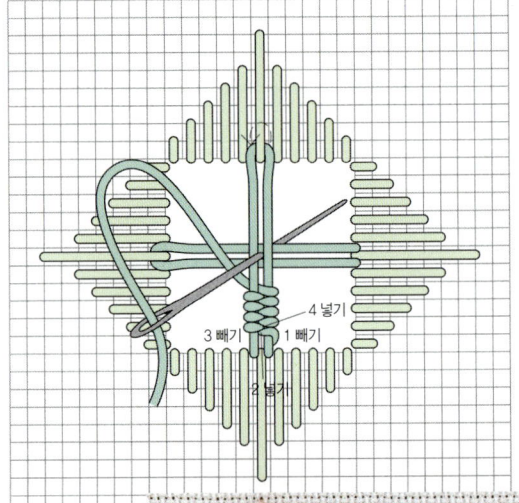

4 넣기
3 빼기   1 빼기
2 넣기

시작

응용

인터레이스드 루프 단 스티치

이 스티치는 '칠보 엮기'라고도 합니다.

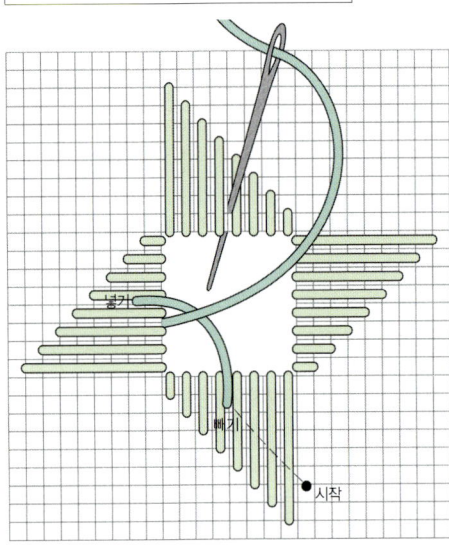

놓기

빼기

시작

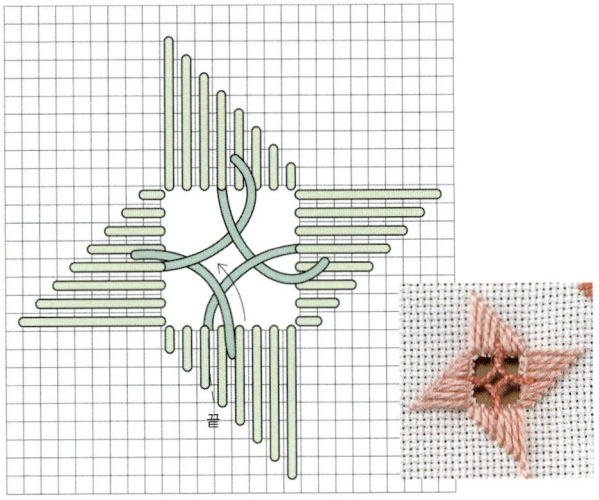

끝

60

크로스 단 스티치

실을 고정하는 새틴 스티치 뒤에서 실을 빼고, 격자의 실을 다발로 떠서 실을 감고 되돌아올 때 교차시킵니다.

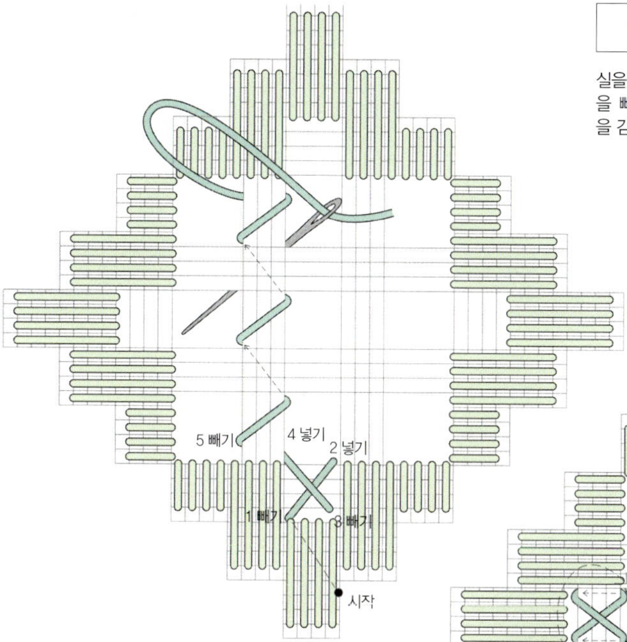

5 빼기   4 넣기   2 넣기

1 빼기   3 빼기

● 시작

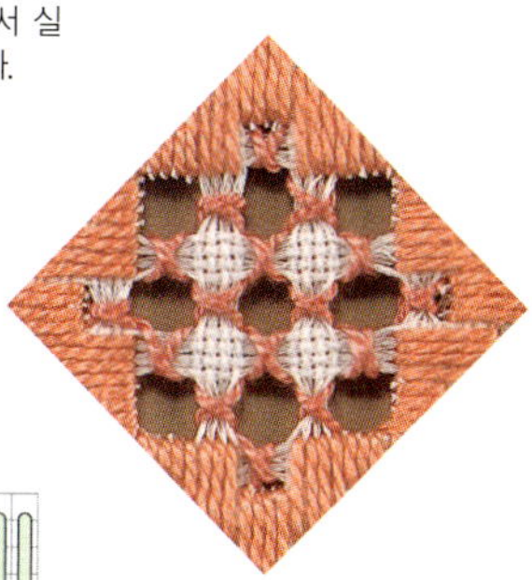

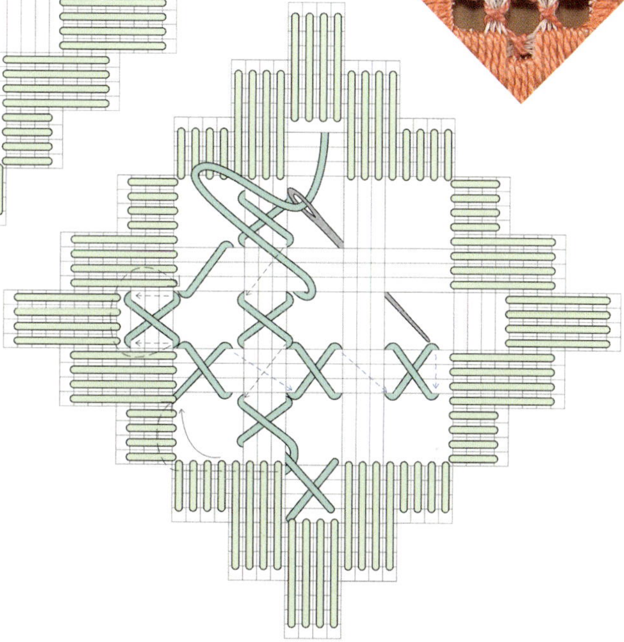

감치기의 시작 방법

실 끝에 매듭을 지어 뒤쪽의 실에 건 다음 바늘을 앞쪽으로 빼서 감치기 시작합니다.

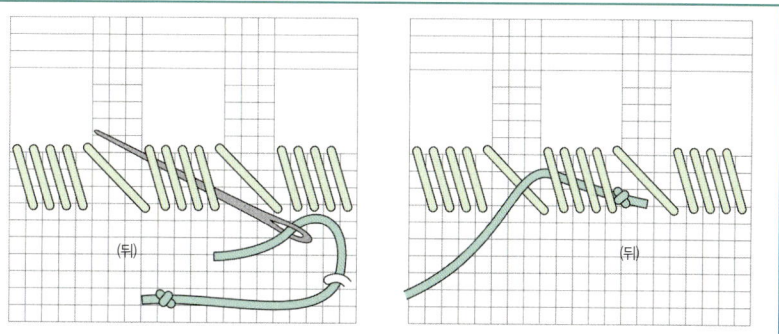

(뒤)   (뒤)

하덴거 자수 미니백

미색의 투박한 면직물에
핑크색 자수를 놓아 꾸몄습니다.
이 패턴을 4개 조합하여
쿠션으로 만들어도 좋습니다.
완성 크기…폭 11cm×깊이 15cm

하덴거 자수 준비

1 작품의 크기를 정하여 재단하고, 가장자리는 올이 풀리기 쉬우므로 휘갑쳐둡니다.

2 만들 작품, 도안과 무늬를 수놓을 위치, 대강의 디자인을 생각합니다.

3 위치를 정했으면 시침핀, 시침실, 수성 초크 펜 등으로 천 위에 표시합니다.

4 잘라낼 위치를 정하고, 새틴 스티치로 가로세로로 수놓으면서 한 무늬를 그룹으로 하여 대략 정한 위치까지 수놓습니다.

5 새틴 스티치를 마무리했으면 감칠 부분의 짜임실을 자르고 감칩니다.

콩그레스 타입의 천
(1cm에 짜임실 7올)

● **만드는 방법**

❶ 겉감과 안감 모두 겉이 맞닿게 접어 양옆을 재봉틀로 박고 박음질한 선을 다립니다.

❷ 겉감은 겉으로 뒤집어 입구의 시접을 안쪽으로 접고, 리본을 시침핀 등으로 고정하여 재봉틀로 박음질합니다.

❸ 안감은 입구의 시접을 바깥쪽으로 접어 겉감의 안쪽에 넣고, 박음질한 선에 맞추어 꿰맵니다.

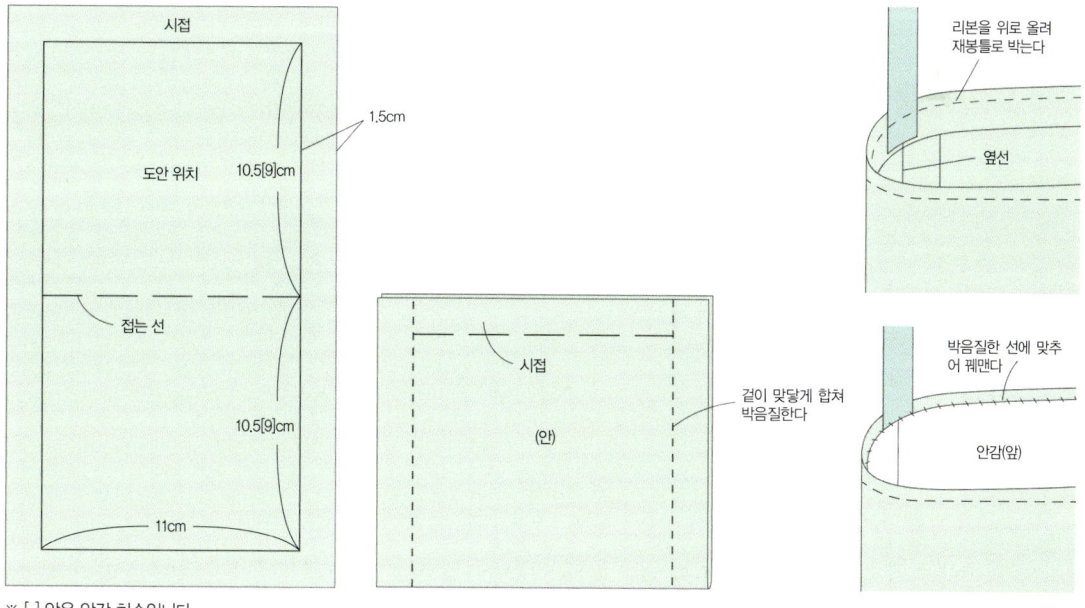

시접

도안 위치   10.5[9]cm   1.5cm

접는 선

10.5[9]cm

11cm

시접

(안)

겉이 맞닿게 합쳐 박음질한다

리본을 위로 올려 재봉틀로 박는다

옆선

박음질한 선에 맞추어 꿰맨다

안감(앞)

※ [ ] 안은 안감 치수입니다.

UT WORK
컷워크

S=스티치

휘감치기S

바B

아일릿 홀

바A

바C

휘감치기S

다이스티치 워크

다이스티치 워크의 체인S

'컷워크'는 버튼홀 스티치, 휘감치기 등으로 도안의 테두리를 감치고 나서 천을 잘라냅니다.

비교적 올이 촘촘한 마직물이 컷워크를 수놓기 쉽고, 도안에 따라 넓은 면을 잘라낼 때는 군데군데에 '바'를 걸칩니다.

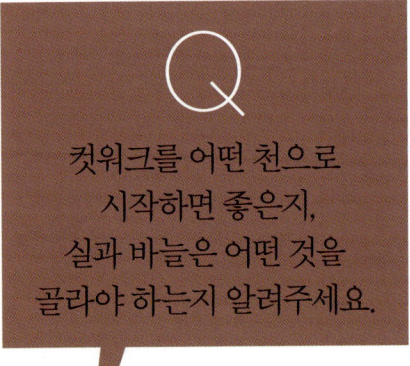

컷워크를 어떤 천으로
시작하면 좋은지,
실과 바늘은 어떤 것을
골라야 하는지 알려주세요.

A 컷워크는 버튼홀 스티치(블랭킷 스티치) 등
으로 수놓은 부분을 잘라내는 수예이므로, 올이
촘촘한 천이 다루기 쉽습니다. 먼저 컷워크의 도
안을 천에 베끼고 나서 시작합니다.

컷워크 자수 준비 (11쪽 참조)

❶ 수놓을 도안을 정하여 트레이싱 페이퍼에 베낍니다.

❷ 도안을 천에 옮깁니다.

❸ 도안 부분을 수놓으며, 바를 건넬 부분은 건넵니다.

❹ 잘라낼 부분의 천을 자릅니다.

컷워크용 실과 바늘

컷워크 실은 어브로더를 많이 사용합니다. 바늘은 올이 촘촘한 천에 수놓으므로,
끝이 뾰족한 프랑스자수 바늘이 적합합니다.

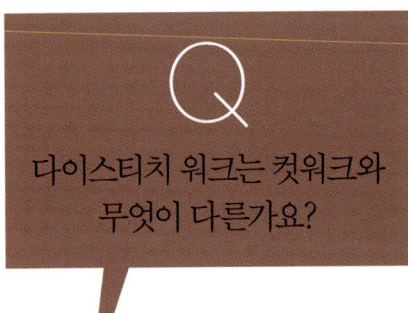

다이스티치 워크는 컷워크와
무엇이 다른가요?

A 컷워크와 같은 도안으로 수놓을 수 있지
만, 다이스티치 워크는 컷워크에서 잘라내는 부
분을 패브릭용 마커로 물들입니다. 잘라내지 않
는 만큼 간편하게 컷워크를 즐길 수 있습니다.

다이스티치 워크

❶ 잘라내는 부분을 패브릭용 마커로
칠합니다. 면적이 좁은 부분은 마커
의 끝을 세워서 칠하고 얼룩이 지지
않도록 주의합니다.

❷ 마커로 물들인 부분의 둘레 등을 '다
이스티치 워크의 체인 스티치'로 수
놓습니다.

다이스티치 워크의 체인 스티치

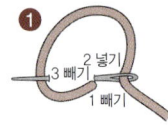 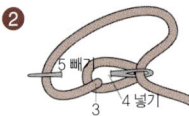 

Q 섬세하고 아름다운 컷워크를 한번 해보고 싶어요.

A 컷워크는 도안을 버튼홀 스티치로 수놓은 다음 스티치 가장자리에서 가위로 잘라내기만 하면 됩니다. 기법이 다양한 자수보다 쉽다고 할 수도 있지만, 버튼홀 스티치를 일정한 폭으로 고르게 놓는 연습을 해야 합니다.

버튼홀 스티치

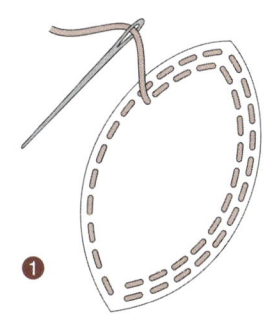

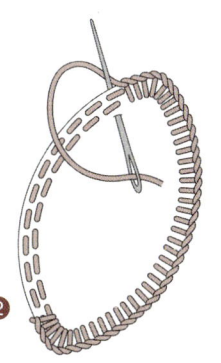

● **모서리 수놓기**
바늘땀을 그림같이 조절하여 놓습니다.

❶ 도안의 윤곽선에서 조금 안쪽으로 들어간 부분에 러닝 스티치로 밑수를 놓습니다. 이때 러닝 스티치는 1올이어도 괜찮습니다.

❷ 도안 선을 따라 버튼홀 스티치를 촘촘하게 놓으면 완성입니다.

버튼홀 스티치 놓는 방법

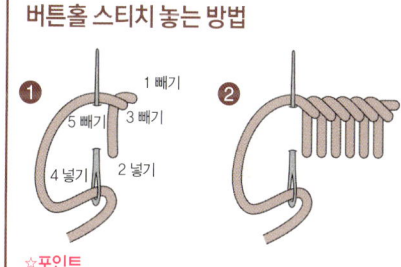

❶ 1 빼기 / 5 빼기 / 3 빼기 / 4 넣기 / 2 넣기 ❷

☆**포인트**
스티치의 진행 방향은 도안에 따라 수놓기 쉬운 쪽으로 놓습니다.

롱 앤드 쇼트 스티치

이 스티치도 러닝 스티치로 밑수를 놓은 다음 바늘땀을 길게 짧게 반복하며 놓는데, 꽃잎 등에 사용합니다.

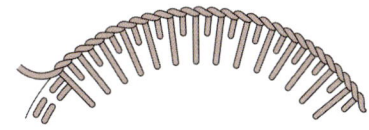

휘감치기 스티치

러닝 스티치로 튼튼하게 밑수를 놓은 다음 그 위를 촘촘하게 휘감치는 스티치입니다.

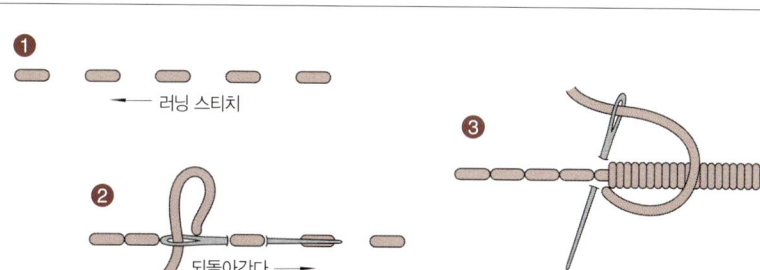

❶ ← 러닝 스티치 ❷ 되돌아간다 → ❸

바 건네는 방법

컷워크를 하다가 큰 부분을 잘라내는 도안일 때는 '바'를 건넵니다.

● **바A** 러닝 스티치 도중에 바를 건네는 방법

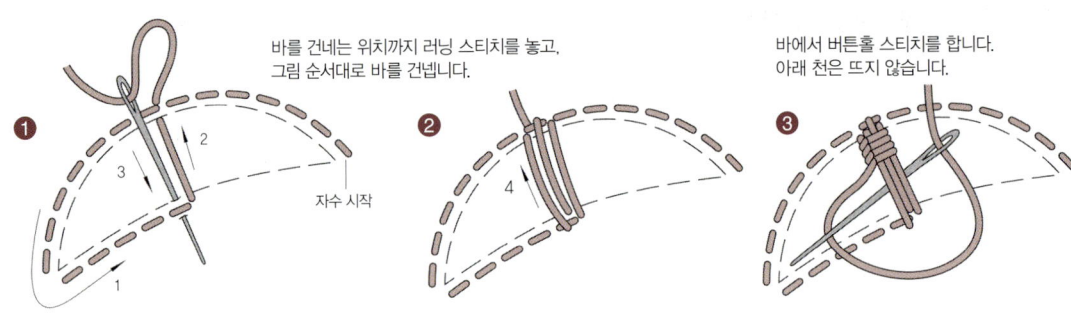

바를 건네는 위치까지 러닝 스티치를 놓고,
그림 순서대로 바를 건넵니다.

바에서 버튼홀 스티치를 합니다.
아래 천은 뜨지 않습니다.

자수 시작

● **바B** 버튼홀 스티치 도중에 바를 건네는 방법

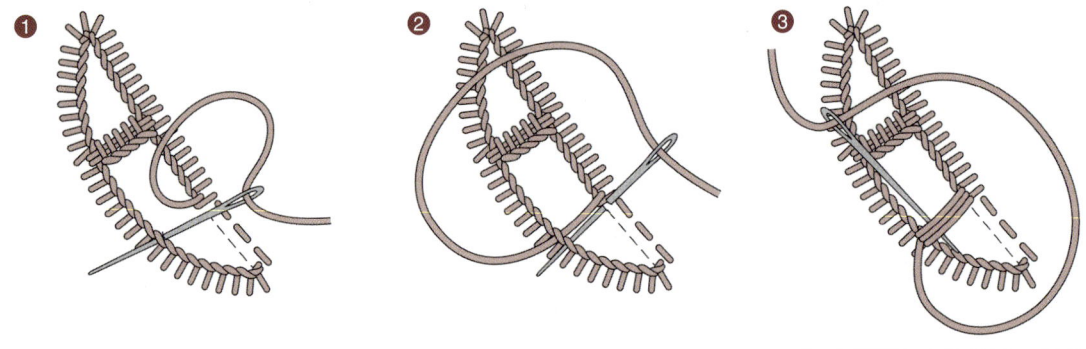

● **바C** 바를 세 방향으로 나누어 Y자형으로 건네는 방법

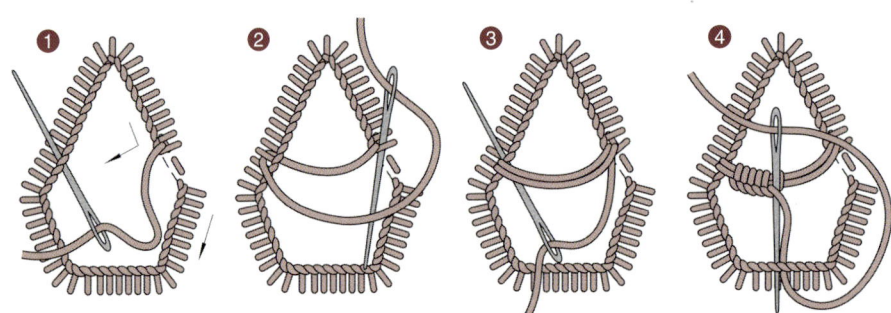

❶~❸ 둘레의 버튼
홀 스티치로 실을
3번 건넵니다.
❹버튼홀 스티치를
바의 중심까지 놓은
다음 직각으로 꺾어
아래쪽으로 바를 건
넵니다.

아일릿 홀

구멍을 뚫고 싶은 부분의 둘레에 러닝 스티치를 하고, 안쪽에 가위집을 넣습니다. 구멍 크기에 따라 가위집 넣는 방법이 다릅니다.
천에 따라 송곳으로 구멍을 뚫기도 합니다.

● 작은 구멍일 때

러닝 스티치

가위집

● 큰 구멍일 때

가위집

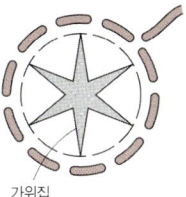

① ②

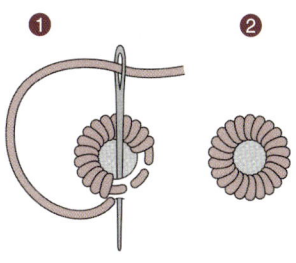

가위집을 낸 천을 뒤쪽으로 접어 넣고 휘감치기 스티치를 촘촘하게 놓습니다.

천을 잘라내는 방법

스티치가 끝났으면 천을 자를 차례입니다.
스티치 끝 쪽의 실을 자르지 않도록 주의하며 천을 잘라냅니다. 바를 걸친 부분도 신경 씁니다.
되도록 잘 드는 가위로 작업하고, 컷워크용으로 끝이 구부러진 가위도 시판하니 이용하면 편리합니다.

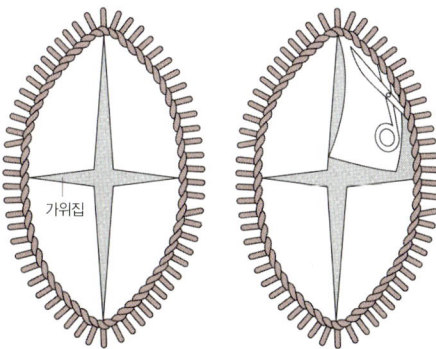

가위집

테이블클로스나 손수건에 스캘럽을 하고 싶을 때

가장자리 도안을 스캘럽 모양으로 그린 다음 도안의 윤곽선 조금 안쪽에 러닝 스티치로 밑수를 놓습니다.
도안 선을 따라 버튼홀 스티치를 하고, 스티치가 끝나면 스티치 가장자리 천을 잘라냅니다.

①

②

뒤

$\mathcal{A}$PPLIQUE WORK

아플리케

S=스티치

블랭킷S

감침질

리버스 아플리케

A

솜 넣기

A

감침질

블랭킷S

B

B

감침질

C

숨은상침

프렌치 너트S

체인S

프렌치 너트S

'아플리케'는 오려낸 천을 다른 천이나 옷에 블랭킷 스티치, 감침질 등으로 바느질하여 고정합니다.
도안이 단순해야 다루기 쉬우며, 천의 종류나 용도에 따라 바느질할 스티치를 선택하면 됩니다.

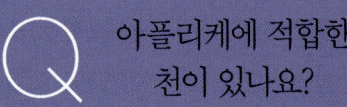

Q 아플리케에 적합한 천이 있나요?

A 아플리케용 천은 비교적 두껍고 올풀림이 적은 천이 좋다고 하지만, 붙이는 방법을 궁리하면 모든 천에 아플리케를 할 수 있습니다.

아플리케A

시접 있는 아플리케

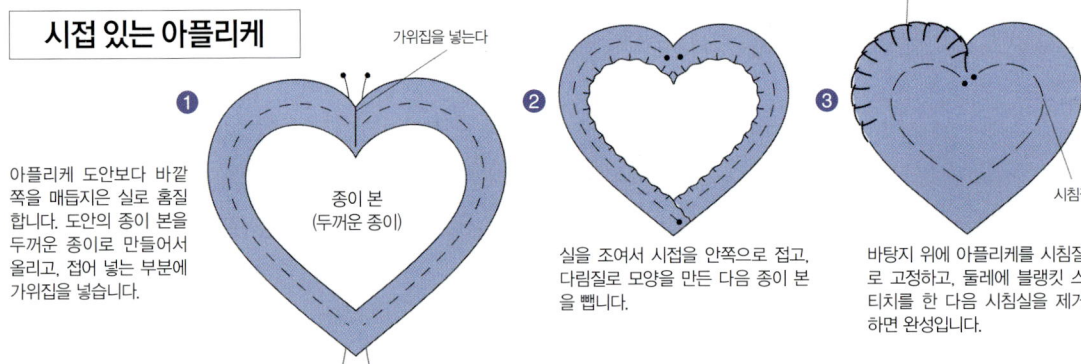

가위집을 넣는다

종이 본
(두꺼운 종이)

블랭킷 스티치

시침질

① 아플리케 도안보다 바깥쪽을 매듭지은 실로 홈질합니다. 도안의 종이 본을 두꺼운 종이로 만들어서 올리고, 접어 넣는 부분에 가위집을 넣습니다.

② 실을 조여서 시접을 안쪽으로 접고, 다림질로 모양을 만든 다음 종이 본을 뺍니다.

③ 바탕지 위에 아플리케를 시침질로 고정하고, 둘레에 블랭킷 스티치를 한 다음 시침실을 제거하면 완성입니다.

☆**포인트**
곡선이 없는 아플리케를 할 때는 홈질을 하지 않고, 시접을 도안대로 안쪽으로 접어 다림질로 모양을 잡은 다음 작업합니다.

솜 넣은 아플리케

①, **②**까지는 '시접 있는 아플리케'와 같습니다.
③ ★부터 바느질을 시작하여 ●표시까지 감침질합니다. 그다음 시침실을 뽑고 솜을 넣어 바느질합니다.

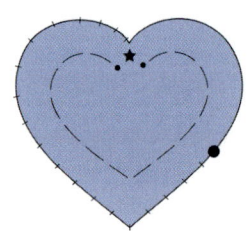

숨은상침

'숨은상침'은 백 스티치의 요령으로 바느질합니다. 겉면에는 작은 점으로밖에 드러나지 않지만, 그만큼 뒤에서 실이 교차하여 튼튼히 고정됩니다.

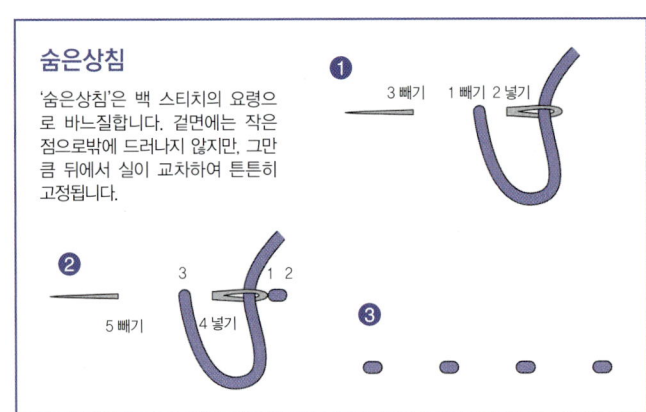

① 3 빼기   1 빼기 2 넣기

② 5 빼기   3   4 넣기   1 2

③

리버스 아플리케

'리버스 아플리케' 하는 과정은 이렇습니다. 도안 선보다 안쪽으로 시접 분량을 더해 재단합니다. 잘라낸 뒤쪽에 다른 천을 시침질로 고정하고, 시접에 가위집을 넣어 안쪽으로 접어 넣으면서 감침질합니다.

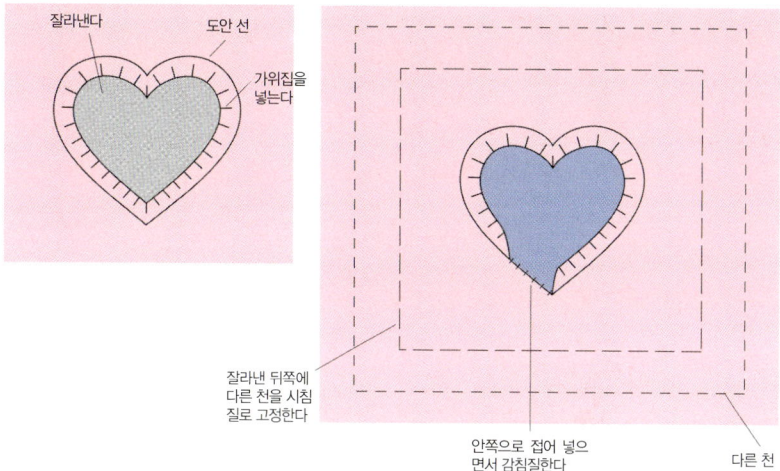

잘라낸다 도안 선
가위집을 넣는다

잘라낸 뒤쪽에 다른 천을 시침질로 고정한다

안쪽으로 접어 넣으면서 감침질한다

다른 천

아플리케B

재단선 그대로의 아플리케

올이 잘 풀리지 않는 펠트 등을 도안대로 자르고, 바탕지 위에 시침질로 고정합니다. 이 아플리케는 블랭킷 스티치, 감침질, 체인 스티치, 숨은상침 등으로 붙입니다.

감침질

1에서 바늘을 빼 바로 위 아플리케 가장자리의 2로 바늘을 넣습니다. 바탕지를 비스듬히 떠 아플리케의 3에서 바늘을 뺍니다. 이처럼 바늘땀은 아플리케에 직각으로 떠집니다.

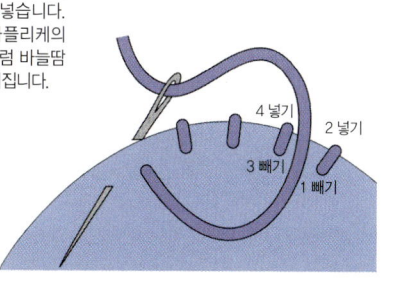

4 넣기 2 넣기
3 빼기 1 빼기

아플리케C

콜라주 아플리케

원하는 모양으로 잘라낸 천을 디자인대로 배치하고 숨은상침, 스트레이트 스티치, 프렌치 너트 스티치 등으로 붙입니다.
콜라주 아플리케는 세탁용으로 적합하지 않습니다.

SMOCKING WORK

스모킹 자수

아우트라인 스모킹

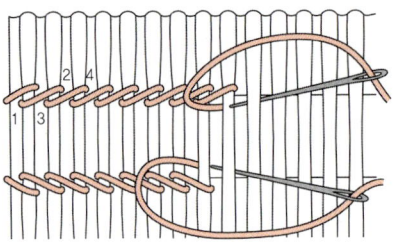

셰브런 스모킹

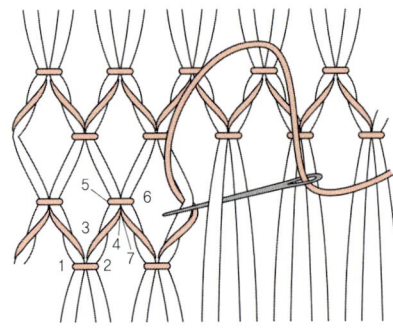

케이블 스모킹

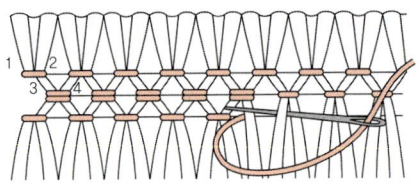

다이아몬드 스모킹A

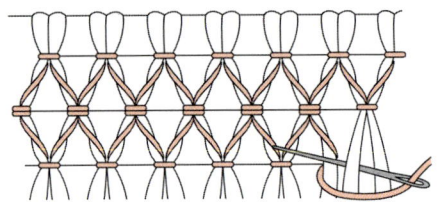

허니콤 스모킹

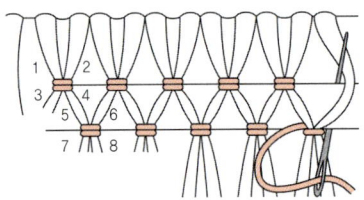

다이아몬드 스모킹B

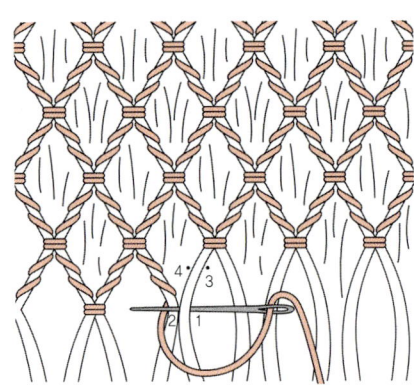

'스모킹 자수'는 천에 주름을 잡아 실로 꾸미는 기법입니다. 그렇기 때문에 아주 딱딱한 천이나 두꺼운 천은 스모킹 자수를 하는 데 적합하지 않습니다. 간격 잡는 법, 수놓는 실 등에 따라 응용 범위도 아주 넓어지는 자수입니다.

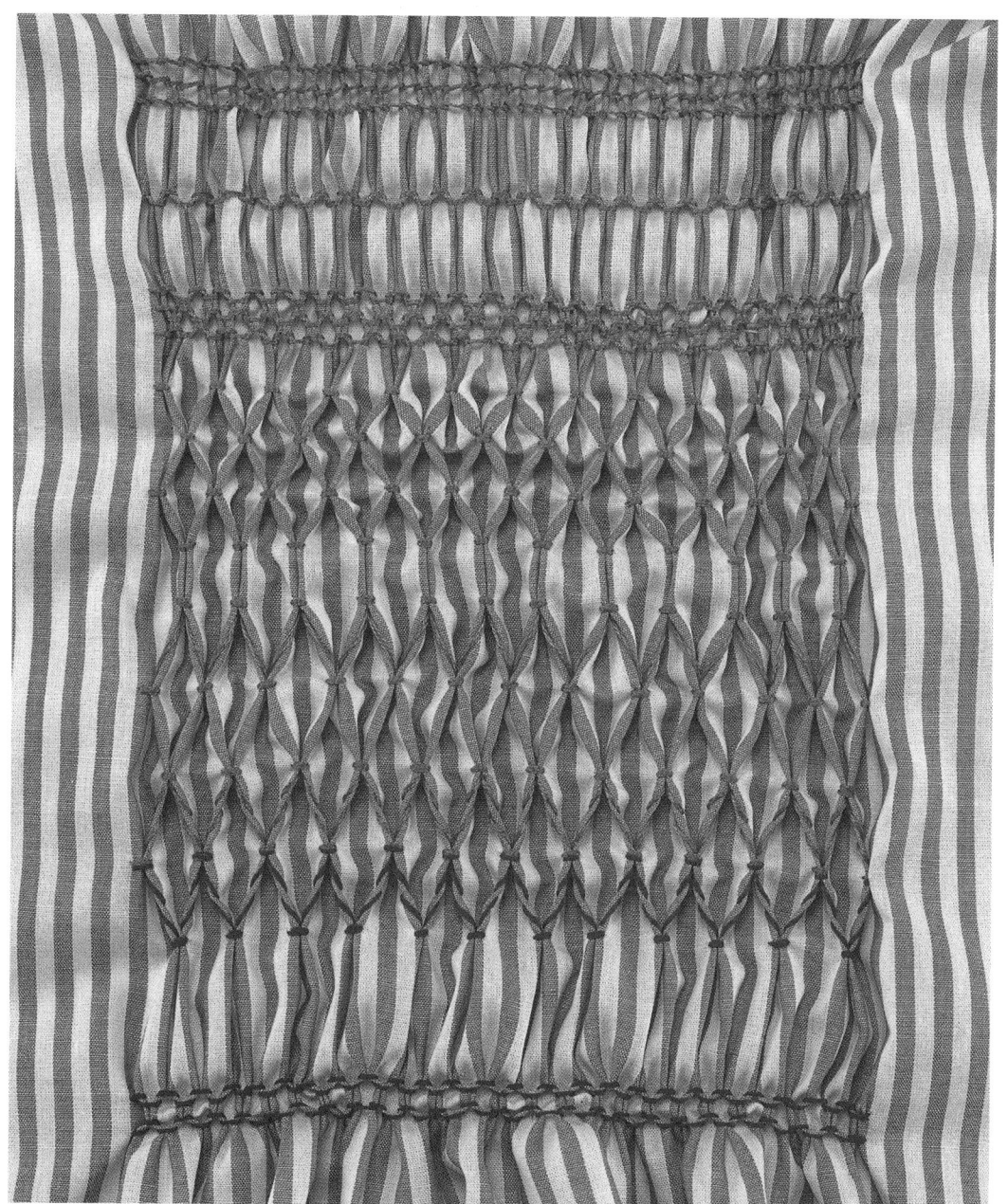

Q

스모킹 자수는
어떤 천에
할 수 있나요?
실이며 바늘도
궁금합니다.

A 주름을 잡기 쉬운 천이라
면 어떤 소재라도 사용할 수 있
습니다. 스트라이프, 체크, 물방
울무늬, 코듀로이 같은 규칙성
이 있는 무늬일 때는 무늬를 기
준으로 삼아 바느질합니다. 무
지 천이라면 자수천에 바늘땀의
위치를 표시하고 나서 자수를
시작합니다. 실이며 바늘은 수
놓는 천에 따라 달라집니다.

규칙성 있는 무늬 천

● 스트라이프·코듀로이
세로 간격만 물로 지워지는 초크 펜 등으로 표시해둡니다.

스트라이프

코듀로이

● 체크무늬·물방울무늬
무늬를 기준으로 삼아 스모킹 자수를 수놓습니다.

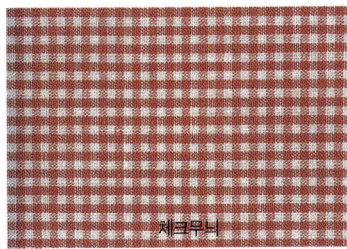

체크무늬

물방울무늬

무지 천

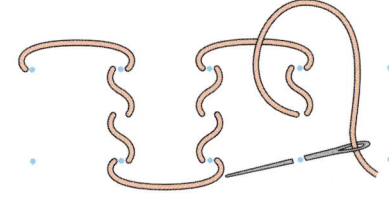

무지 천 위에 자를 대고 물로
지워지는 초크 펜 등으로 가
로와 세로에 일정 간격을 띠워
표시합니다.
표시 부분을 바늘로 1~2mm
떠서 수놓으면 작업하기가 한
결 수월합니다.

↗ 표시 부분

스모킹 자수실과 바늘
스모킹 자수실은 대개 25번 자수실을 3~6겹으로 사용하고,
바늘은 프랑스자수 바늘을 많이 씁니다.

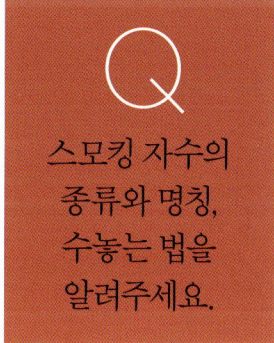

스모킹 자수의
종류와 명칭,
수놓는 법을
알려주세요.

A 스모킹 자수는 스티치의
조합으로 다양한 무늬를 구성할
수 있습니다. 자주 사용하는 기
본 스티치를 소개합니다.

아우트라인 스모킹

뜨는 방법은 주름 산을 하나씩 바늘을
약간 비스듬히 아래로 향하게 하여 뜨
는 방법(a)과 약간 비스듬히 위로 향하
게 하여 뜨는 방법(b)이 있습니다.

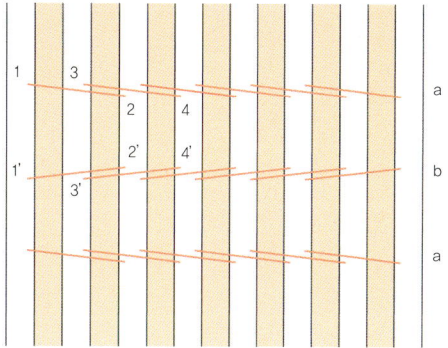

케이블 스모킹

바늘을 약간 비스듬히 위와 아래로 향
하게 하여 실을 상하로 서로 교차시켜
건넵니다.

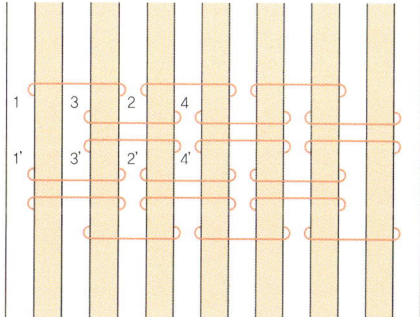

허니콤 스모킹

벌집 모양(허니콤)을 나타내는 방법으
로, 주름 산 두 개를 합쳐 실을 두 번
감고 위, 아래를 번갈아 놓습니다.

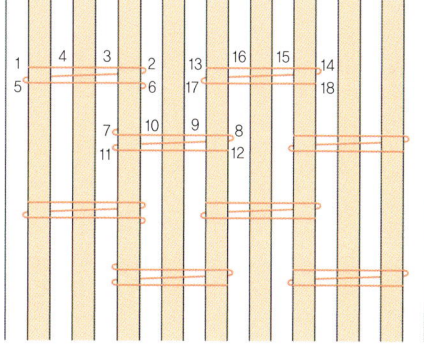

셰브런 스모킹

셰브런(산 모양이라는 뜻) 스모킹을 마주 보게 놓으면 '다이아몬드 스모킹A'(74쪽 참조)가 됩니다. 즉 마름모꼴을 이룹니다.

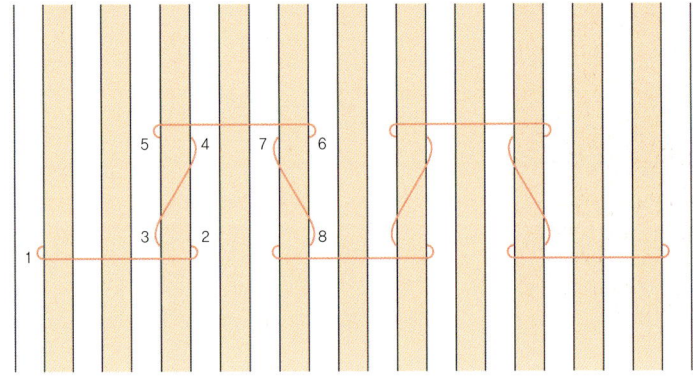

웨이브 스모킹

물결(웨이브) 모양으로 수놓아가는 스모킹 기법의 일종으로, 웨이브 스모킹을 마주 보게 놓으면 '다이아몬드 스모킹B'(74쪽 참조)가 됩니다.

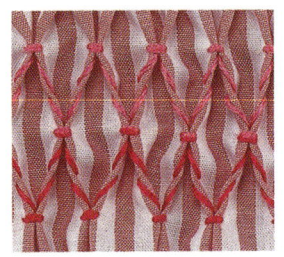

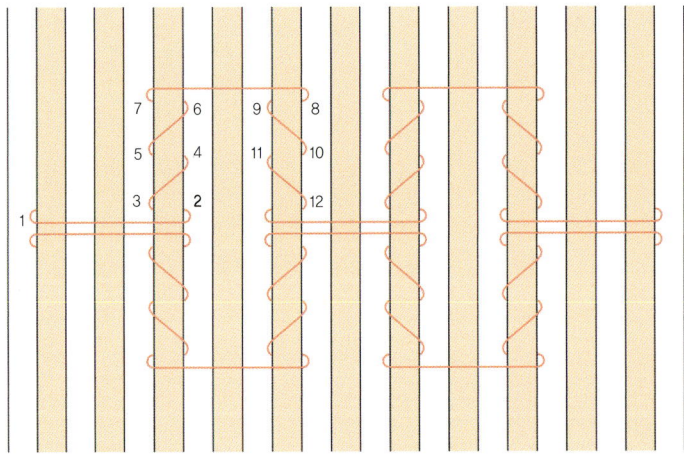

자수천 필요량 계산하는 방법

자수천의 양은 천의 질과 스티치에 따라 달라집니다. 얇은 무지 천은 약 3배, 두꺼운 천은 약 2배 정도의 폭 분량을 준비합니다. 무늬 천은 약 2배가 필요합니다. 길이도 약간 줄어드니 필요한 양보다 20% 더 준비하여 자수를 끝낸 후 치수를 확인하고 나서 여분을 자르는 것이 좋습니다. 블라우스 등은 넉넉하게 치수를 잡아 재단하고, 자수를 끝낸 후 종이 본을 대고 정확하게 재단합니다. 실제로 사용할 천에 같은 스티치로 테스트를 해보고 천의 수축을 계산하여 예상하는 방법도 있습니다.

작품 예

코듀로이 스모킹 백

코듀로이의 이랑을 떠서
다이아몬드 스모킹B를 하였습니다.
크게 만들어 손잡이를 바꾸면
손가방으로도 손색없습니다.

완성 크기…폭 16cm×깊이 15cm

● 스모킹 백 도안

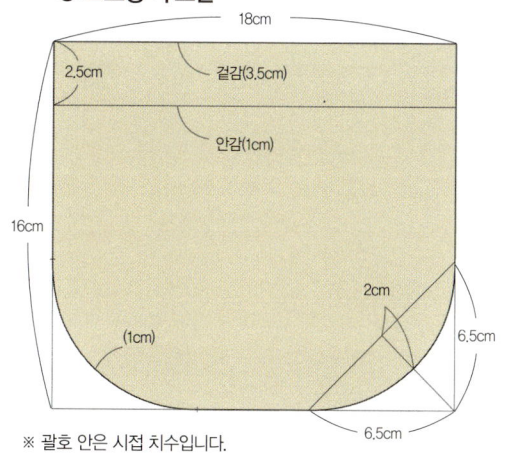

18cm

2.5cm 겉감(3.5cm)

안감(1cm)

16cm

(1cm) 2cm

6.5cm

6.5cm

※ 괄호 안은 시접 치수입니다.

● 만드는 방법

❶ 가장 먼저 가방 크기를 정합니다.

❷ 가방 폭에 스모킹 무늬를 얼마나 넣을 것인지
코듀로이의 이랑을 세어 결정하고, 옆선을 맞
추어 바느질합니다.

❸ 스모킹은 가방의 앞뒤쪽을 이어서 원형으로
놓아야 합니다.

☆포인트

코듀로이 소재로 큰 가방을 만든다면 옆선에 닿기 조금 전까
지 수놓고, 가방 폭에 들어가는 스모킹 무늬의 개수를 확인하
고 나서 옆선을 바느질합니다. 옆선 부분의 수는 가방 앞뒤가
연속 무늬로 이어지도록 원형으로 놓아야 합니다.

깅엄체크 스모킹 백

$\mathcal{R}$IBBON EMBROIDERY

리본 자수

S=스티치

스파이더 웹 로즈S

Y로즈S-A

Y로즈S-B

피시본S

Y리프S

스트레이트S

레이지데이지S

레이지데이지 너트S

페더S

콜로니얼 너트S

레이지데이지S

Y로즈S-B

프렌치 너트S

아우트라인S

Y로즈S-A

레이지데이지S

트위스티드 체인S

헤링본S

레이지데이지S

바스켓S

스트레이트 로즈S

아우트라인S

자수용 리본은 너비가 다양합니다. 소재에 따라 빳빳하거나 부드럽기도 하지만, 자수용 리본은 대개 수놓기 쉽게 제작되었습니다. 스티치는 실 자수와 같은 것도 있지만, 리본 자수만의 독특한 스티치도 있습니다. 리본 자수를 놓을 때는 리본을 당기는 정도에 특히 주의를 기울입니다.

Q 리본 자수에 적합한 천이 있나요?
리본 자수용 리본과
바늘도 궁금해요.

A 리본 자수는 면 벨벳, 무아레, 샨텅(두꺼운 견직물), 새틴, 혼방 울, 마 등 모든 천에 수놓을 수 있습니다. 그러나 리본은 너비가 있으므로 아주 얇은 천이나 털이 긴 천은 적합하지 않습니다. 리본 자수용 리본과 바늘은 따로 있습니다.

리본 자수용 천

마

무아레

혼방 울

샨텅

리본 자수용 바늘

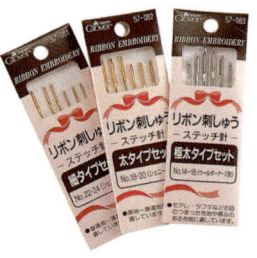

- **리본 자수 스티치 바늘(얇은 타입) NO.22·24**
얇은 리본으로 작은 도안을 수놓을 때 적합합니다.

- **리본 자수 스티치 바늘(굵은 타입) NO.18·20**
일반적으로 많이 쓰는 바늘입니다.

- **리본 자수 스티치 바늘(아주 굵은 타입) NO.14~18**
특히 두꺼운 리본이나 빳빳한 리본을 수놓을 때 편리합니다.

- **리본 자수 스티치 바늘(니트용) NO.18~22**
스웨터 등의 니트나 성긴 천에 적합합니다. 스티치에 따라 실에 걸어 천에서 띄워서 놓는 스티치나 유키코 로즈 스티치에는 이 바늘이 적합합니다.

리본 자수용 리본

리본 자수용 리본은 폭과 종류, 색상이 다양합니다. 어떤 천으로 무엇을 만들지 디자인에 따라 적합한 리본을 고르면 됩니다.

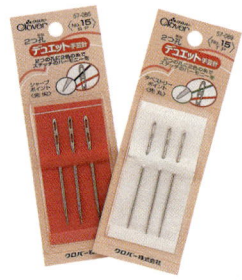

- **듀엣 수예 바늘 2구멍**
실과 리본을 2개의 구멍에 각각 꿰어 쓰는 바늘입니다. 빳빳한 리본은 듀엣 수예 바늘 구멍에 두 번 통과시켜 사용합니다.

Q 리본이 매끄러워 바늘에서 금방 빠지던데, 자수 시작과 끝을 어떻게 해야 할까요?

A 리본 자수는 리본에 너비가 있기 때문에 리본 자수만의 방법이 있습니다.

바늘에 리본 꿰기

모든 리본을 이 방법으로 꿰는 것은 아닙니다. 이 예시는 부드러운 리본에 한합니다. 빳빳한 리본이라면 펜 상태 그대로 수놓거나 구멍이 2개인 바늘을 쓰면 편리합니다.

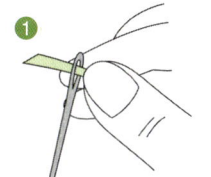

① 리본은 50cm 정도로 준비하고 리본 끝을 비스듬히 잘라 바늘에 끼웁니다.

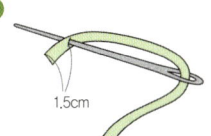

1.5cm

② 리본 끝에서 1.5cm 정도에 해당하는 위치 중앙에 바늘을 꽂습니다.

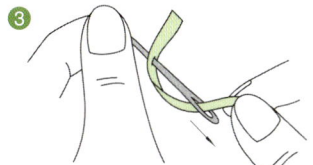

③ 왼손으로 바늘 끝을 잡고 오른손 엄지와 검지를 이용해 리본을 당깁니다.

④ 바늘 끝에 리본을 고정한 모습입니다.

매듭짓기

매듭이 만들어지기만 하면 예시에 제시한 방법이 아니어도 상관없습니다.

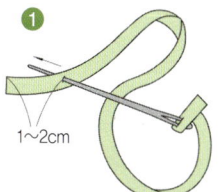

1~2cm

① 리본 끝에서 1~2cm를 띄우고 리본의 중앙에 바늘을 통과시켜 뺍니다.

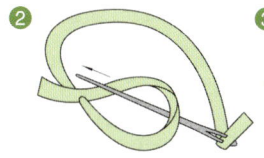

② 만들어진 원 안으로 바늘을 통과시킵니다.

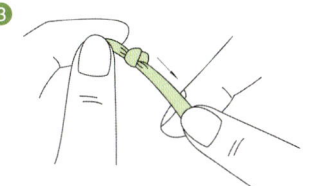

③ 리본을 세게 잡아당기지 말고, 만들어진 마디를 왼손 엄지로 살짝 눌러 매듭 짓습니다.

자수 시작

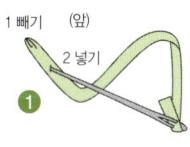

1 빼기　(앞)

2 넣기

① 매듭을 지어 1에서 바늘을 뺄 때, 뒤쪽에 리본 끝 1.5~2cm 정도를 남겨둔 채 2로 바늘을 넣습니다.

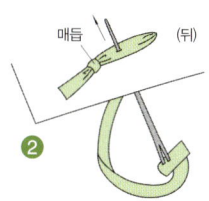

매듭　(뒤)

② 뒤쪽에 남겨둔 리본 끝에 바늘을 통과시켜서 자수를 시작합니다.

자수 끝

뒤쪽으로 바늘을 뺀 다음 바늘에 리본을 감아 매듭을 짓고, 리본 끝은 뒤쪽을 지나는 리본에 5cm 정도 통과시켜서 자릅니다.

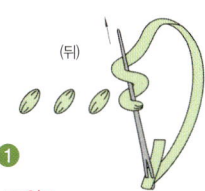

(뒤)

①

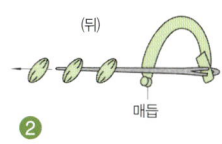

(뒤)

매듭

②

☆포인트

이미 수놓은 부분이 있는 곳에 수를 놓을 때는 리본에 매듭을 지어서 수놓아져 있는 스티치의 뒤쪽 실이나 리본에 통과시켜 매듭을 건 다음, 바늘을 앞으로 빼서 자수를 시작합니다.

Q

리본 자수를
해보고 싶은데,
실 자수보다 어렵나요?

A 리본 자수는 실 자수와 같지만,
리본에 너비가 있는 만큼 잡아당기는
정도에 주의해야 합니다. 기본만 배우
면 리본 자수도 그리 어렵지 않습니다.

트위스티드 체인 스티치

실로 놓는 스티치와 마찬가지로, 오른쪽으로 걸든 왼쪽으로 걸
든 수놓기 쉬운 쪽으로 놓습니다. 소용돌이 모양으로 놓으면
꽃처럼 수놓을 수 있습니다.

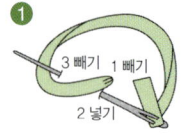

페더 스티치

실 스티치와 수놓는 방법은 같지만, 리본의 너비가 있는 만큼
당기는 정도에 주의합니다.

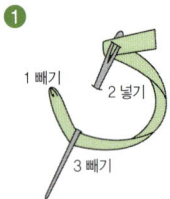

헤링본 스티치

실 스티치와 수놓는 방법은 같고, 대
신 리본의 너비를 살려 수놓습니다.

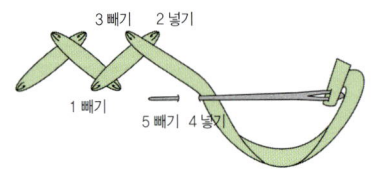

아우트라인 스티치

실 스티치와 바느질법은 같지만,
2를 놓을 때 리본 위에서 바늘을 넣
는 게 다릅니다. 아우트라인 스티치
를 가늘게 놓고 싶다면 리본을 꼬아
서 같은 방법으로 놓으면 됩니다.

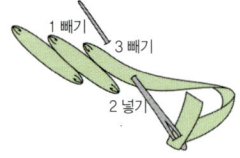

스트레이트 스티치

가로, 세로, 사선, 각각 한 땀으로 놓
는 스티치입니다. 2를 놓을 때 리본
위에서 바늘을 넣습니다. 리본을 느
슨하게 당기면 꽃잎처럼 수놓을 수도
있습니다.

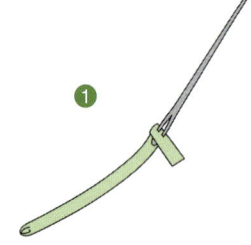

레이지데이지 스티치

실 스티치와 바느질법은 같지만, 4에서 바늘을 리본 위에서 넣는 게 다릅니다. ❹를 보면 마무리하는 방법에 따라 스티치의 느낌이 달라지는 것을 확인할 수 있습니다. 이 스티치는 꽃잎에도 꽃에도 사용하기 좋습니다.

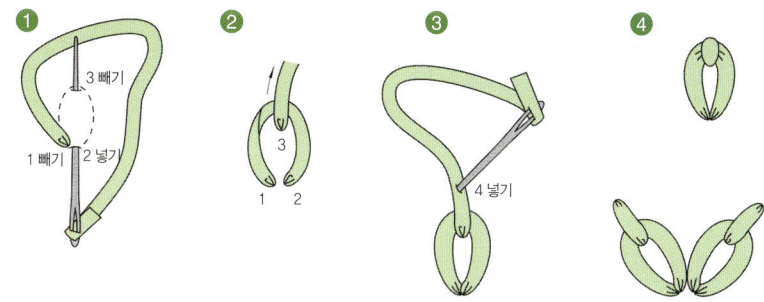

레이지데이지 너트 스티치

레이지데이지 스티치의 마지막 고정 부분을 프렌치 너트 스티치로 한 것입니다.

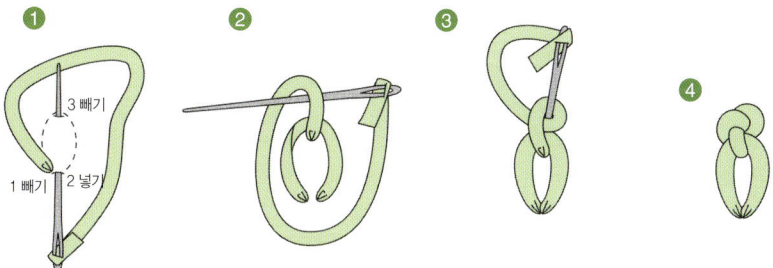

프렌치 너트 스티치

이 스티치는 ❷의 바늘을 직각으로 세웠을 때의 리본 당기는 정도에 따라 너트가 단단하게도 느슨하게도 됩니다.

☆포인트
너트(매듭)를 만들다가 바늘을 빼기 쉽지 않다면 살짝 돌리면서 뺍니다.

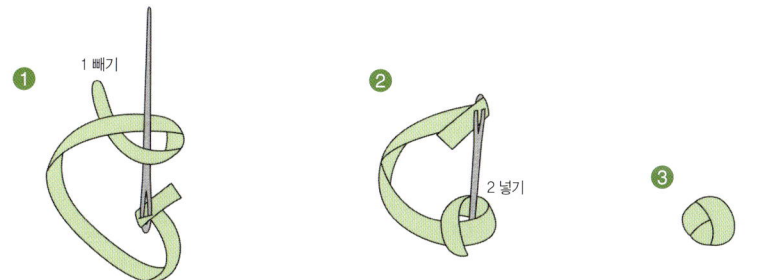

바스켓 스티치

바구니(바스켓)의 뜨개코같이 보이는 격자 모양의 뜨기 방법으로, 어느 쪽으로 놓든 한 땀이 길어질 때는 다음 바늘을 옆에서 뺍니다. 이 스티치는 가로와 세로뿐 아니라 사선으로 놓을 수도 있습니다.

새틴 스티치로 수놓아 메운다

바늘을 스티치에 번갈아 통과시킨다

콜로니얼 너트 스티치

1. 리본을 왼손으로 앞에서 잡고, 리본 위에 바늘을 올립니다.
2. 바늘로 리본을 뜹니다.
3. 왼손의 리본을 바늘 위에서 걸어 8자로 만듭니다.
4. 바늘을 천에 직각으로 찌르고, 왼손 으로 감은 리본을 정돈하여 바늘을 뒤로 뺍니다.

☆포인트

프렌치 너트 스티치와 콜로니얼 너트 스 티치는 놓은 스티치를 보기만 해서는 구 분하기 쉽지 않습니다.
콜로니얼 너트 스티치는 리본이 교차한 덕분에 튼튼합니다.

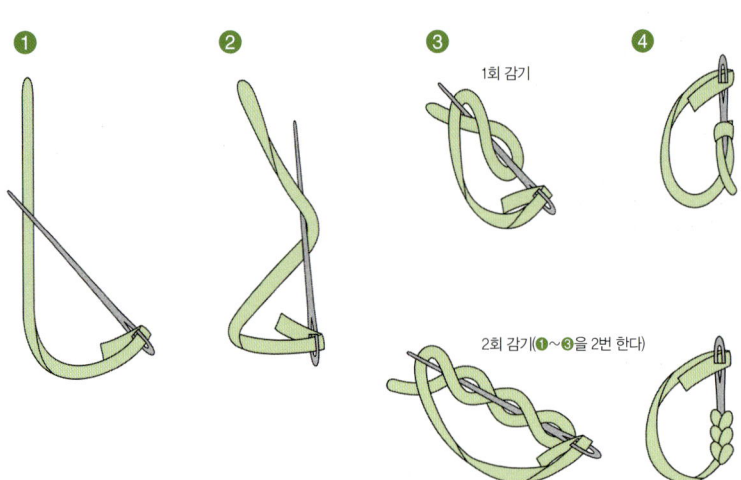

스트레이트 로즈 스티치

먼저 중앙의 삼각형부터 수놓고, 그 둘레를 6~7땀 놓습니다. 바깥쪽에 서 안쪽으로 바늘을 넣는데, 그 위치 에 따라 장미(로즈)의 모양이 달라집 니다.

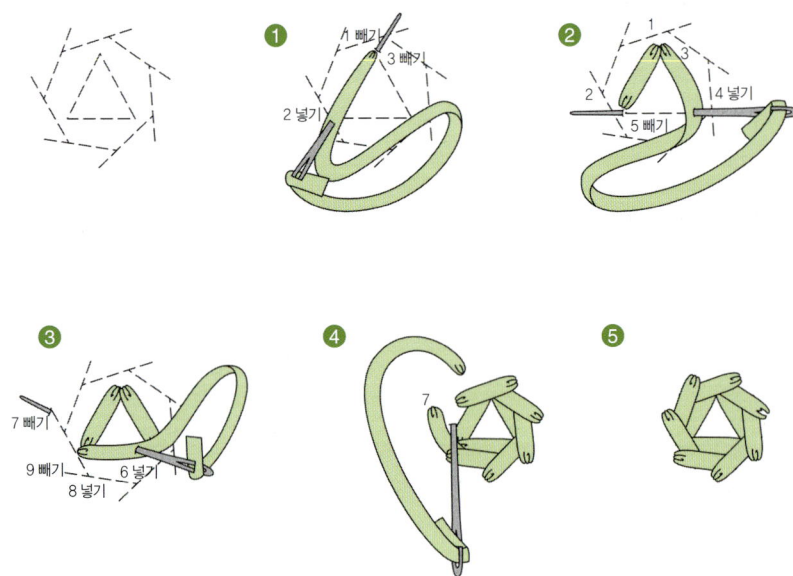

유키코 리프 스티치 (Y리프 스티치)

맨 먼저 자수실로 아웃라인 스티치를 놓는데, 바늘땀의 겹치는 부분은 ⅓ 정도로 합니다. 자수실의 겹친 부분에 리본을 한 땀씩 통과시킵니다. 리본을 통과시켜 당길 때는 왼손 검지로 모양을 정돈해서 천천히 당겨야 합니다.

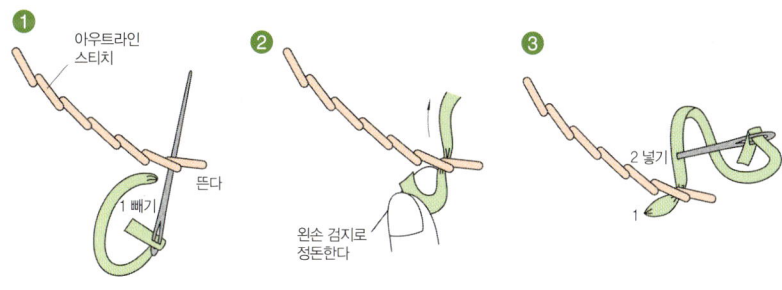

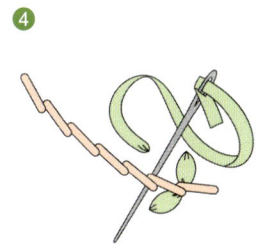

스파이더 웹 로즈 스티치

바늘에 자수실을 꿰어 스트레이트 스티치(반드시 홀수)를 놓습니다. 중심에서 바늘을 빼고 실의 위, 아래, 위로 번갈아 실이 보이지 않을 때까지 리본을 느슨하게 통과시킵니다. 스티치 도중에 리본을 꼬면서 놓으면 입체적입니다.

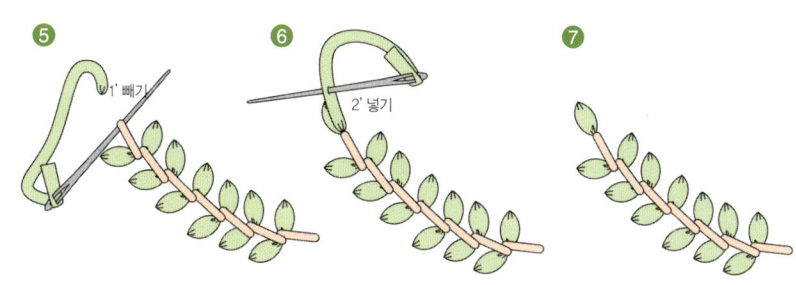

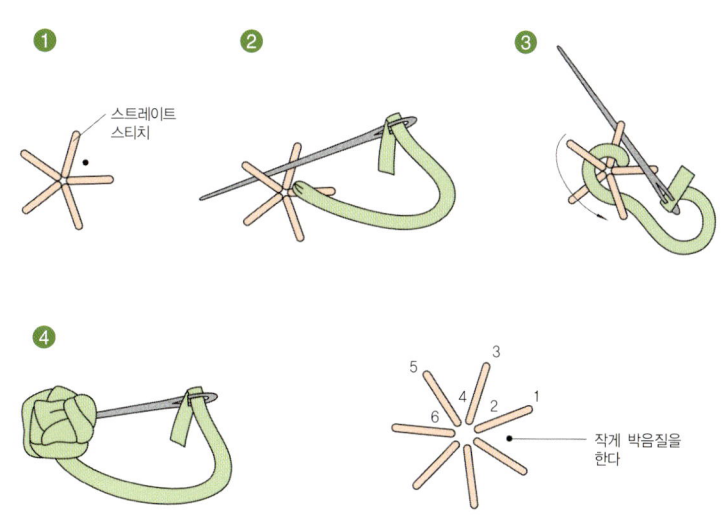

유키코 로즈 스티치A
(Y로즈 스티치A)

끝이 둥근 바늘에 리본을 꿰어 리본의 한 가운데로 바늘을 찌릅니다. 약 2mm 정도의 바늘땀으로 홈질합니다. 즉 리본의 중앙을 리본이 지나는 상태입니다. 주름을 정돈하여 바늘을 뺀 바로 옆에 바늘을 넣어 완성합니다. 이런 방법으로 스티치를 하면 주름 잡은 길이에 따라 꽃의 모양이 달라집니다.

☆포인트
스티치를 하다가 바늘이 잘 안 빠질 때는 바늘을 돌리면 쉽게 빠집니다.

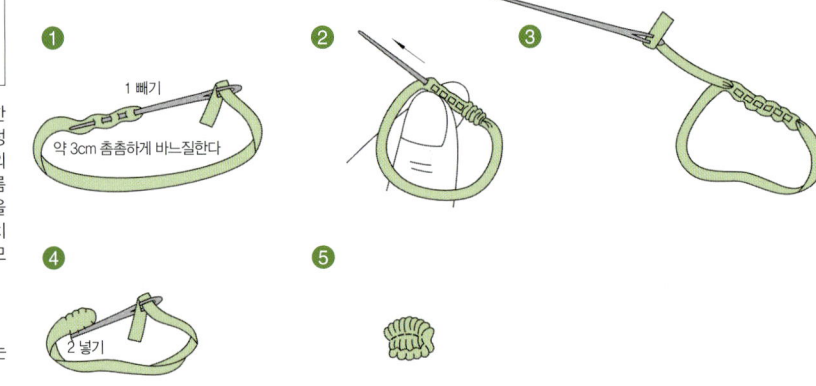

유키코 로즈 스티치B
(Y로즈 스티치B)

끝이 둥근 바늘에 리본을 꿰어 리본의 한쪽 끝을 Y로즈 스티치A의 홈질보다 길게 합니다. 손가락으로 누르면서 바늘을 돌려 천천히 빼고, 주름을 잡으면서 리본을 당깁니다. 주름을 정돈하여 바늘을 뺀 바로 옆에 바늘을 넣고, 중심으로 바늘을 빼 그대로 바늘을 뒤로 넣어 마무리합니다.

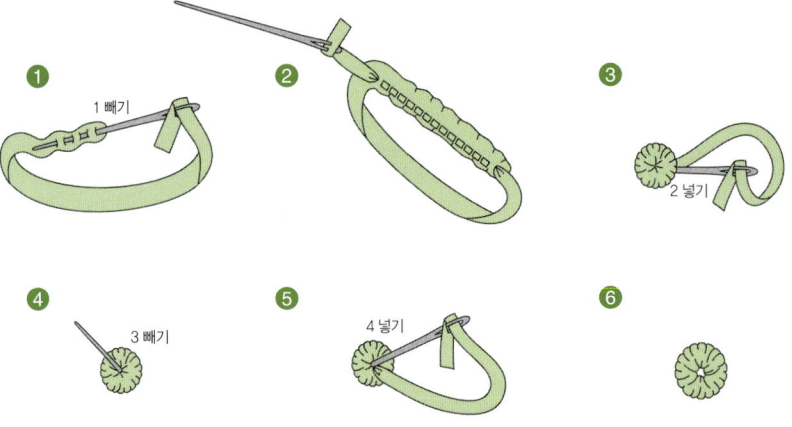

피시본 스티치

1에서 바늘을 빼 잎 크기의 ⅓ 지점에 바늘을 넣고 3에서 뺍니다. 전체의 균형을 보아가며 중심에서 바늘을 넣고, 바깥쪽의 도안 선으로 번갈아 바늘을 빼면 피시본 스티치가 완성됩니다.

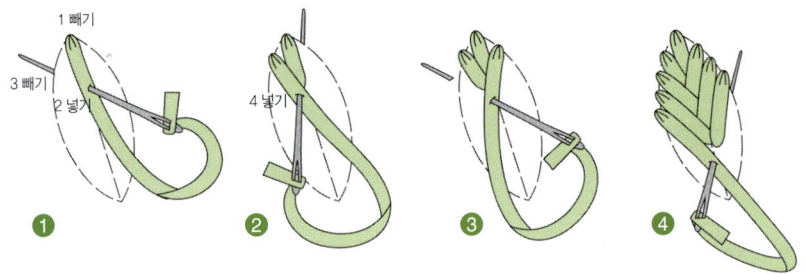

작품 예

리본 자수 놓은 벨벳 주머니

주머니에 리본 자수를
놓아보았습니다.
나만의 오리지널 작품입니다.

완성 크기···폭 13cm×깊이 13cm

● 도안을 옮기기 어려운 천에 수놓을 때

1 자수 놓을 위치에 도안을 베낀 화선지를 올리고
시침실로 고정합니다.

2 화선지 위에다 자수를 놓은 다음 시침실을 뽑고,
리본 자수 놓은 부분이 손상되지 않도록 꾹 누르
며 종이를 찢어서 제거합니다.

☆포인트

화선지에 도안을 베낀 다음 꾸깃꾸깃 구겼다가 펴서
작업을 시작합니다.

● 커브 바늘

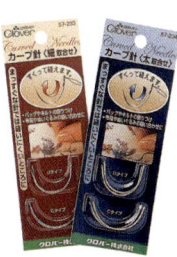

커브 바늘은 천을 붙
인 상자, 기성품 가방
등에 수놓을 때 바늘
이 굽어 있어서 수놓기
편리합니다.

$\mathcal{B}$EAD WORK

비즈 자수

리프S

스트레이트S

스팽글 꽃

레이지데이지S

리프S

아웃라인S−B

스트레이트S

되돌아놓기

스트레이트S

새틴S

새틴S

스트레이트 로즈S

레이지데이지S

새틴S

아웃라인S−A

비즈 자수는 작은 비즈와 펄 비즈를 한 알씩 놓기도 하고 여러 알을 꿰어서 놓기도 합니다.
도안에 따라 한 땀에 끼울 비즈의 개수를 정해서 놓으면 스티치도 가지런하고 아름답습니다.
비즈에 빛이 더해지면 우아한 비즈 자수가 됩니다.

Q 비즈 자수는 어떤 바늘로 수를 놓나요?

A 비즈 자수용 바늘은 가능한 한 비즈 구멍을 충분히 통과하는 가늘고 긴 것을 준비합니다. 비즈는 한 번에 놓는 개수만큼만 바늘에 꿰어 수놓습니다.

Q 비즈와 실 색깔은 어떤 관계가 있나요?

A 비즈 자수는 25번 자수실 2겹으로 수놓습니다. 실의 색은 비즈와 같은 계열로 수놓는 경우가 많지만, 투명 비즈를 사용하면 자수실 색깔에 따라 분위기를 다르게 표현할 수도 있습니다.

Q 비즈 자수의 시작과 끝의 처리 방법이 궁금해요.

A 반드시 이렇게 해야 한다는 법은 없지만, 아래의 방법으로 자수를 시작하면 매듭이 빠지지 않고 예쁘게 자리를 잡습니다. 자수를 끝낼 때는 보통의 자수와 같은 방법으로 마무리합니다.

자수 시작

바늘에 실을 꿰어 매듭을 짓고, 천의 뒤쪽에서 앞쪽으로 바늘을 뺍니다. 앞쪽에서 비즈를 꿰어 뒤쪽으로 실을 뺄 때 2가닥의 실 사이로 바늘을 통과시킵니다. 뒤쪽에서도 2가닥의 실 사이로 바늘을 넣어서 빼면 매듭이 튼튼합니다.

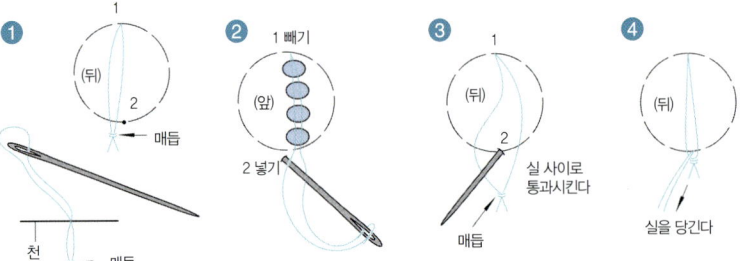

☆**포인트** 바늘이 가늘기 때문에 1올을 꿰어 2겹으로 사용합니다.

자수 끝

스티치를 끝낼 때는 뒤쪽에서 ❶~❸같이 매듭짓습니다. 그다음 뒷면의 이미 수놓인 실에 2~3회 휘감아서 실을 잘라 마무리합니다.

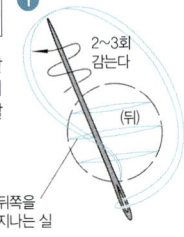

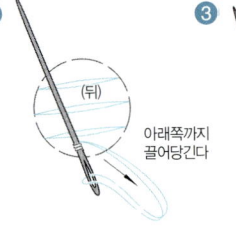

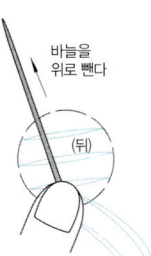

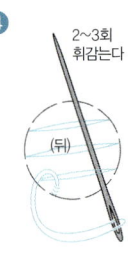

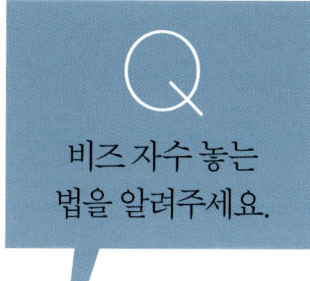

Q

비즈 자수 놓는
법을 알려주세요.

A 비즈 자수는 실 자수의 한 땀
에 비즈가 끼워진 것뿐입니다. 비즈
가 끼워져 있는 만큼 모양 잡기가 쉽
고 수놓기 쉽습니다.

아우트라인 스티치A

도안 선 위에서 바늘을 넣고 뺍니다. 한 땀에 비즈를 꿰어 ⅓ 정도
되돌아온 지점의 같은 선 위로 바늘을 빼고, 다음 비즈를 꿰니다.
비즈의 개수를 정하여 비즈를 항상 같은 쪽(위면 위, 아래면 아래)
으로 수놓습니다. 이는 한 땀마다 비즈를 바꾸어서 놓을 수도 있
는, 비즈 자수만의 독특한 스티치입니다.

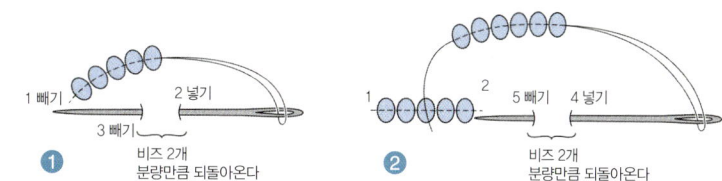

① 1 빼기   2 넣기   3 빼기   비즈 2개 분량만큼 되돌아온다

② 2   5 빼기   4 넣기   비즈 2개 분량만큼 되돌아온다

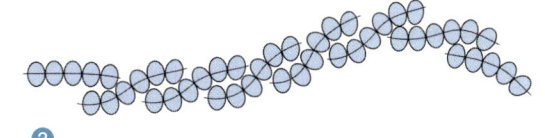

③

아우트라인 스티치B

이 스티치는 한 땀의 비즈를
꿰어 ⅔씩 되돌아오면서 그림
같이 놓습니다.

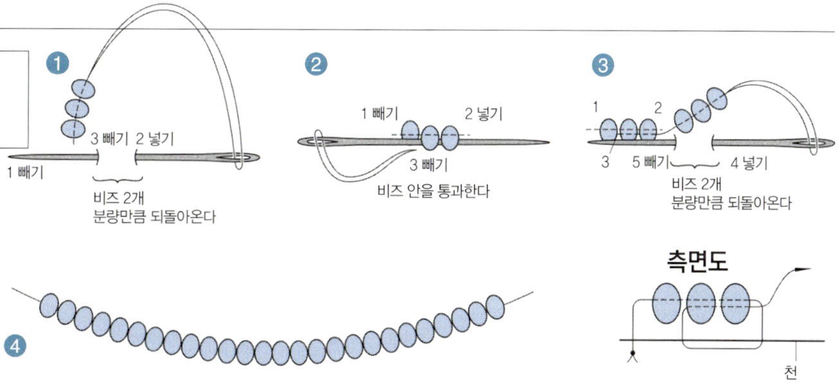

① 1 빼기   3 빼기   2 넣기   비즈 2개 분량만큼 되돌아온다

② 1 빼기   2 넣기   3 빼기   비즈 안을 통과한다

③ 3   2   5 빼기   4 넣기   비즈 2개 분량만큼 되돌아온다

④

측면도

천

스트레이트 스티치

스트레이트 스티치는 가로,
세로, 사선, 각각 한 땀으로
놓지만, 그 땀 길이에 맞
게 비즈를 꿰어서 놓아야
합니다.

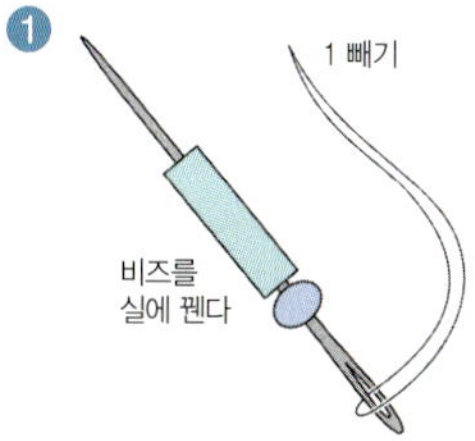

① 1 빼기   비즈를 실에 꿴다

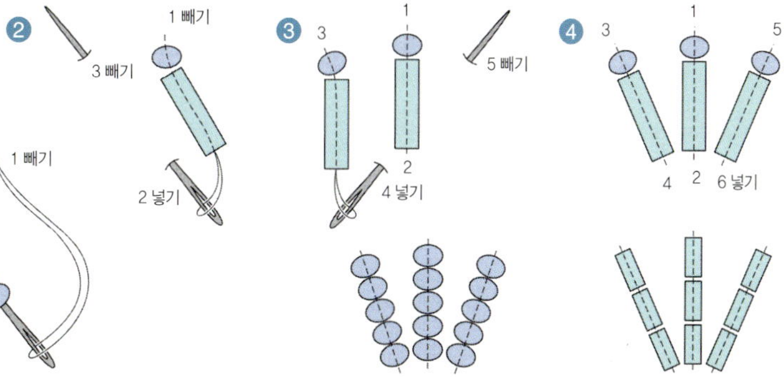

② 3 빼기   1 빼기   2 넣기

③ 3   1   5 빼기   2   4 넣기

④ 3   1   5   4   2   6 넣기

스트레이트 로즈 스티치

중앙의 삼각형부터 수놓고, 둘레는 안쪽에서 바깥쪽으로 ⅓씩 되돌아오면서 한 바퀴를 놓습니다. 중심에는 펄 비즈를 놓습니다.

1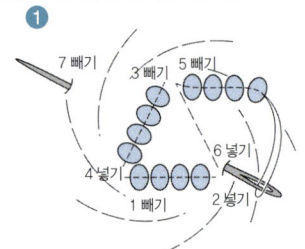

7 빼기
3 빼기　5 빼기
6 넣기
4 넣기
1 빼기　2 넣기

2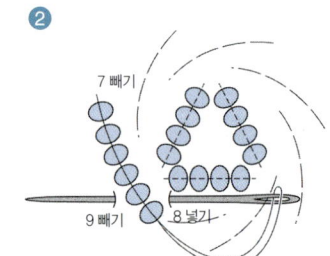

7 빼기
9 빼기　8 넣기

3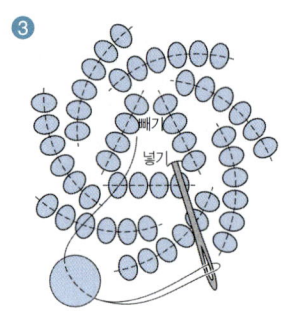

빼기
넣기

새틴 스티치

새틴 스티치는 도안을 수놓아 메울 때 사용합니다.
도안에 따라서는 중심부터 어느 한쪽을 놓고, 중심으로 돌아가서 다시 다른 한쪽을 수놓기도 합니다.

1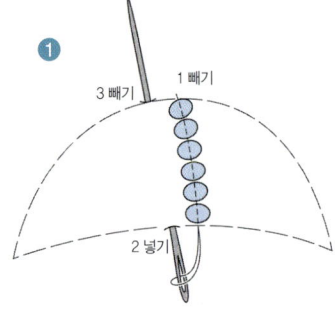

3 빼기　1 빼기
2 넣기

2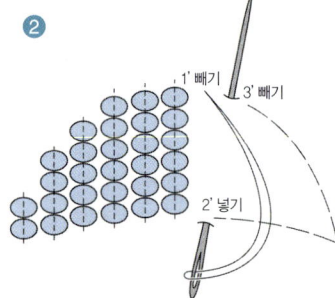

1' 빼기　3' 빼기
2' 넣기

3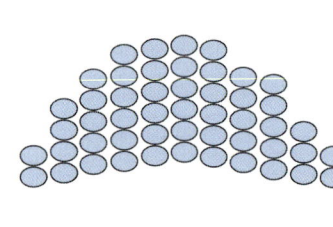

● 두께를 표현하고 싶을 때

비즈를 꿰어 스트레이트 스티치로 한 땀을 놓고, 그 위에 새틴 스티치를 놓아 두께를 표현합니다.

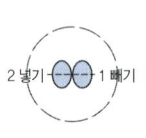

2 넣기　1 빼기

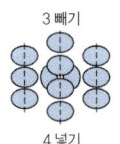

3 빼기
4 넣기

측면도

천

레이지데이지 스티치

실 자수의 레이지데이지 스티치와 바느질법은 같습니다. 비즈의 크기, 개수에 따라 스티치 크기가 달라집니다.

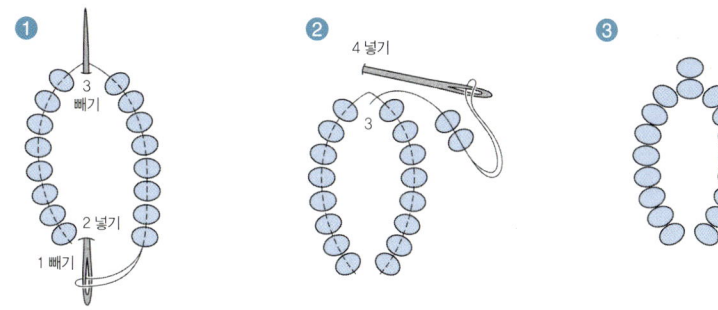

리프 스티치

비즈 자수의 리프 스티치는 실 자수의 피시본 스티치와 수놓는 방법이 같습니다. 큰 도안을 메울 때나 잎 등에 쓰입니다.

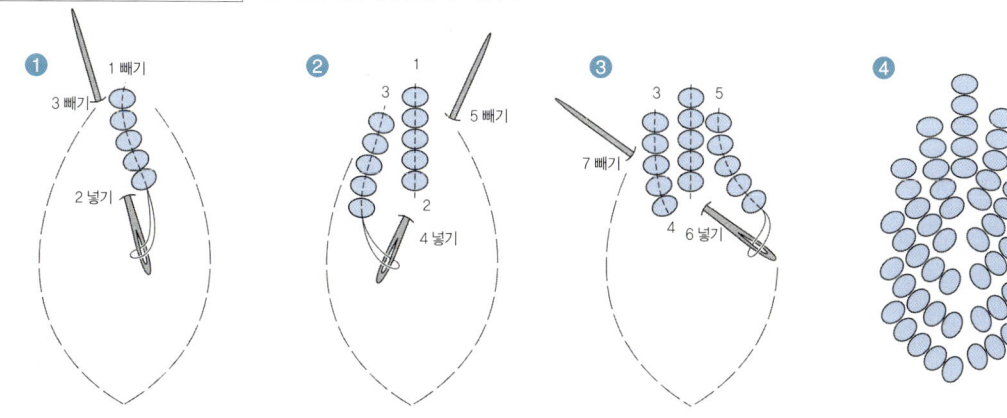

되돌아놓기

박음질의 요령으로 비즈를 1개씩 바느질하여 고정합니다. 흩뜨린 것처럼 수놓을 때는 삼각형을 기준으로 삼아 삼각을 늘리듯이 놓습니다.

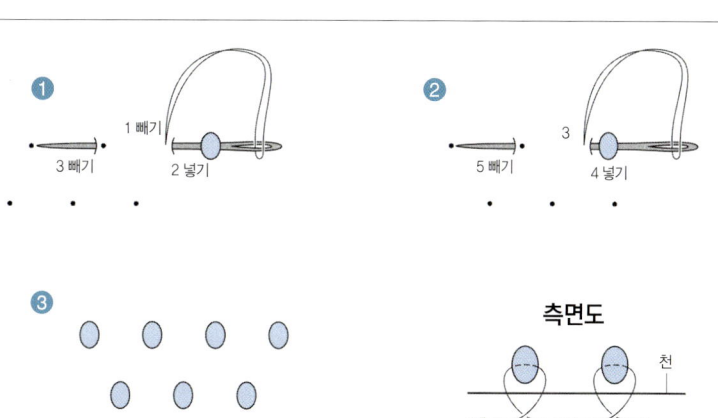

측면도

천

스팽글로 꽃수 놓기

스팽글과 비즈를 혼합하여 꽃잎이 4장, 5장, 6장 되는 다양한 꽃을 수놓을 수 있습니다.

1 빼기

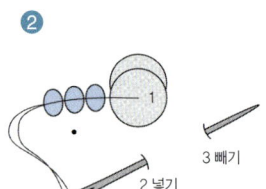

3 빼기

2 넣기

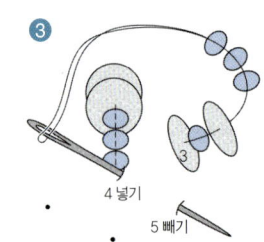

4 넣기

5 빼기

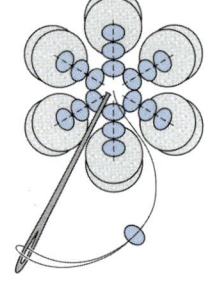

● 스팽글 놓는 방법

하나만 놓기, 연속해서 놓기, 비즈와 조합하여 놓기 등 방법은 다양합니다. 원형도 육각형도 고정 방법은 같습니다.

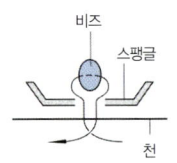

비즈
스팽글
천

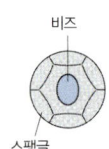

비즈
스팽글

미니 자수 액자 만드는 방법

● 둥근 액자

① 액자의 작품 크기 정도 되는 두꺼운 종이, 퀼트 솜(1~2장)을 준비합니다.

② 자수 놓은 천의 완성 크기보다 1.5cm 정도 바깥쪽을 홈질합니다. 천 뒤에 퀼트 솜, 두꺼운 종이 순으로 올리고, 홈질한 실을 잡아당겨 모양을 정돈해 미니 액자에 넣습니다.

● 네모난 액자

액자에 들어가는 작품과 같은 크기의 두꺼운 종이, 퀼트 솜(1~2장)을 준비하고 자수 놓은 천은 2cm 정도 시접 분량을 더합니다. 자수 놓은 천 뒤에 퀼트 솜과 두꺼운 종이를 차례로 올리고, 시접을 뒤쪽으로 접어 양면테이프 또는 수예용 접착제로 붙인 다음 미니 액자에 넣으면 완성입니다.

작품 예

니트 스웨터를
비즈 자수로 화려하게

기성복 스웨터도 비즈 자수를 놓으면
멋진 외출복으로 탄생합니다.

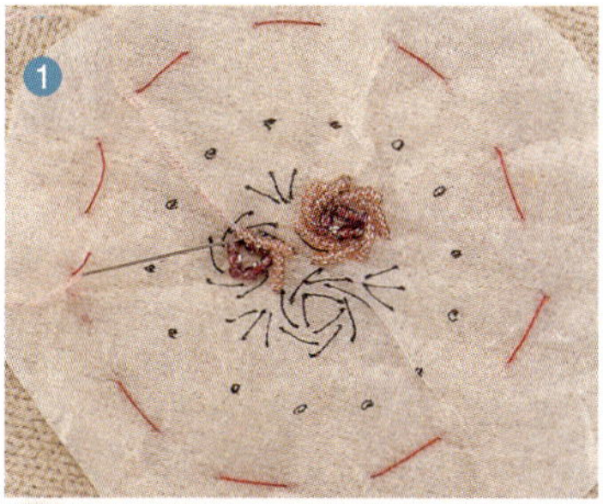

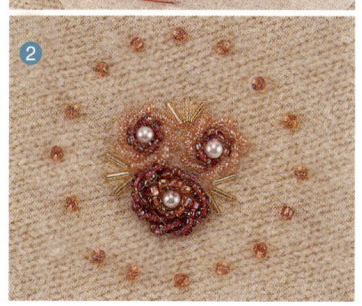

● 스웨터 등 도안을 옮기기 쉽지 않은 소재에 수놓을 때

1 자수를 놓고 싶은 위치에 도안을 베낀 화선지를 올려 자수실 1올로 시침질하고, 종이 위에서 비
즈 자수를 합니다.

2 자수를 마쳤으면 시침실을 뽑고, 비즈 자수 놓은 부분이 손상되지 않도록 꾹 누르면서 종이를 찢
어 제거합니다.

☆포인트
화선지에 도안을 베낀 다음 꾸깃꾸깃 구겼다가 펴서 수놓습니다.

미러 워크
*M*IRROR WORK

S=스티치

A

레이지데이지S

A

플라이S

A

체인S

체인S에 블랭킷 S를 할 때, 비즈를 1개 넣으면서 놓는다

B

백S

A를 여러 바퀴 놓는다

Q 미러 워크가 무엇인가요?

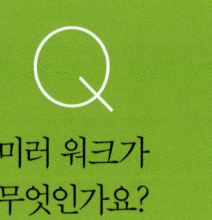

A 작고 동그란 미러(거울)나 블리크 등을 천에 붙여 자수를 놓는 인도의 전통 기법입니다. 미러를 붙이는 방법은 여러 가지지만, 가장 쉽고 효과적인 방법 두 가지를 소개합니다.

☆포인트
미러는 움직이기 쉬우므로, 미러 뒷면에 양면 테이프를 붙여 자수 놓을 위치에 고정한 다음 시작합니다.

미러 워크A

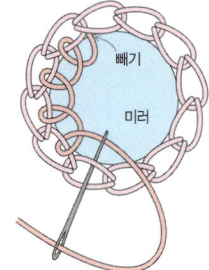

빼기

미러

끝

1 미러의 가장자리를 체인 스티치로 한 바퀴 두릅니다.

2 체인 스티치의 안쪽 실만 떠서 블랭킷 스티치로 한 바퀴 또는 두 바퀴 놓습니다.

미러 워크B

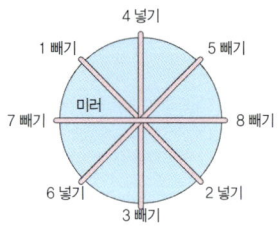

4 넣기

1 빼기   5 빼기

7 빼기   미러   8 빼기

6 넣기   2 넣기

3 빼기

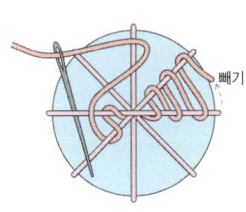

빼기

1 미러에 실을 그림같이 건넵니다.

2 건넨 2가닥의 실 위를 오른쪽·왼쪽으로 통과시켜 엮어가면 엮은 부분이 십자로 지납니다.

SHISHU NANDEMO Q&A SHUKUSATUBAN (NV70321)
Copyright © NIHON VOGUE-SHA 2015
All rights reserved.
First published in Japan in 2015 by Nihon Vogue Co., Ltd.
Photographer : Yoko Kimura
Designers of the projects in this book: Yukiko Ogura
This Korean edition is published by arrangement with Nihon Vogue Co., Ltd, Tokyo
in care of Tuttle-Mori Agency, Inc., Tokyo through Botong Agency, Seoul.

이럴땐이렇게
자수
무엇이든 Q&A

1판 1쇄 인쇄 | 2016년 11월 22일
1판 1쇄 발행 | 2016년 11월 28일

감수 오구라 유키코
옮긴이 강수현
펴낸이 김기옥

실용본부장 박재성
편집 류인경, 이나리
영업 김선주
커뮤니케이션 플래너 손혜인
지원 고광현, 김형식, 김주현

한국판 디자인 제이알컴
인쇄·제본 (주)상지사 P&B

펴낸곳 한스미디어(한즈미디어(주))
주소 121-839 서울시 마포구 양화로 11길 13(서교동, 강원빌딩 5층)
전화 02-707-0337 | 팩스 02-707-0198 | 홈페이지 www.hansmedia.com
출판신고번호 제 313-2003-227호 | 신고일자 2003년 6월 25일

ISBN 979-11-6007-066-8 13590

책값은 뒤표지에 있습니다.
잘못 만들어진 책은 구입하신 서점에서 교환해 드립니다.

일본의 수예 독자들에게 10년 이상 사랑받고 있는 스테디셀러
〈무엇이든 Q&A〉 시리즈!

독자들이 가장 궁금해 하는 질문과 그 해결 방법을 휴대가 편리한 콤팩트한 판형으로 만나보세요!

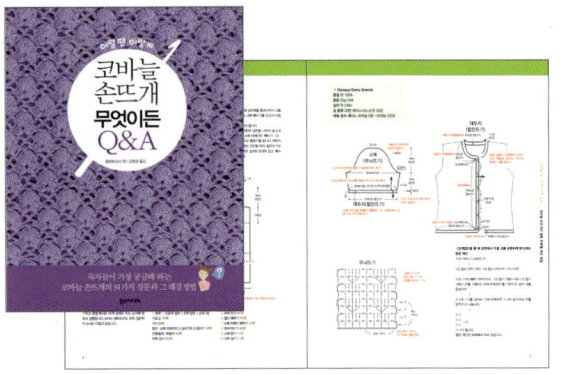

이럴 땐 이렇게
코바늘 손뜨개 무엇이든 Q&A

일본보그사 편 | 김현영 옮김 | 76쪽 | 9,800원

코바늘로 스웨터를 뜰 때나 모티브를 이어서 작품을 만들 때 방법을 몰라서 난감했던 적이 있나요? 그런 궁금함이 생겼을 때 이 책에서 해결 방법을 찾아보세요!

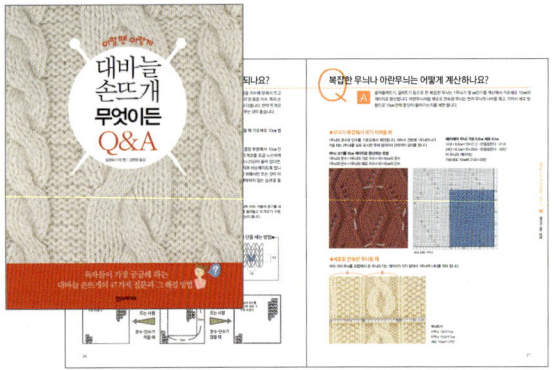

이럴 땐 이렇게
대바늘 손뜨개 무엇이든 Q&A

일본보그사 편 | 김현영 옮김 | 84쪽 | 9,800원

마음에 드는 작품을 뜰 때의 입문서로 질문(Question)과 답변(Answer) 형식으로 이해하기 쉽게 해설합니다. 남성용 아란무늬 스웨터와 여성용 무늬뜨기 카디건을 예로 들어, 바늘 잡는 법부터 실을 거는 법, 뜨개 도안·무늬 도안 보는 법, 마무리하는 법까지 친절하게 답변합니다.

이럴 땐 이렇게
자수 무엇이든 Q&A

일본보그사 편 | 강수현 옮김 | 100쪽 | 9,800원

기본적인 스티치, 크로스스티치, 아주르 자수, 드론워크, 하덴거 자수, 컷워크, 아플리케, 스모킹 자수, 리본 자수, 비즈 자수, 미러 워크를 수놓는 법부터 의문점까지, Q&A 형식으로 소개합니다.